管理精英

实操手册

新生代员工的管理与激励

罗 芳◎编著

中国铁道出版社有限公司

CHINA RAILWAY PUBLISHING HOUSE CO., LTD.

图书在版编目（CIP）数据

管理精英实操手册：新生代员工的管理与激励 / 罗芳
编著 .—北京：中国铁道出版社有限公司，2022.7
ISBN 978-7-113-29064-1

Ⅰ . ①管…　Ⅱ . ①罗…　Ⅲ . ①人力资源管理－手册
Ⅳ . ① F243-62

中国版本图书馆 CIP 数据核字 (2022) 第 064255 号

书　名：**管理精英实操手册：新生代员工的管理与激励**
GUANLI JINGYING SHICAO SHOUCE:XINSHENGDAI YUANGONG DE GUANLI YU JILI

作　者：**罗　芳**

责任编辑：张文静　　　编辑部电话：（010）51873022　　**电子邮箱**:285862601@qq.com
封面设计：宿　萌
责任校对：安海燕
责任印制：赵星辰

出版发行：中国铁道出版社有限公司（100054，北京市西城区右安门西街 8 号）
印　　刷：三河市宏盛印务有限公司
版　　次：2022 年 7 月第 1 版　2022 年 7 月第 1 次印刷
开　　本：710 mm×1 000 mm　1/16　印张：14.5　字数：203 千
书　　号：ISBN 978-7-113-29064-1
定　　价：69.80 元

前言

对于"90后"这一群体，社会为他们打上了不同的标签，例如"迷惘的一代""新新人类"等，褒贬不一。这是由于"90后"普遍为独生子女，享受了更多的宠爱和关注，又得益于科技的迅猛发展，他们思维活跃，勇于创新，乐于接受新事物。富足的生活条件，使他们不再将赚钱作为工作的第一目的或是唯一目的，而是更注重精神的追求。

然而在大部分的企业中，中高层管理者为"60后""70后"或"80后"，他们发现随着越来越多的"90后""95后"作为新生代员工步入职场，甚至成为企业的主要发展力量，传统的员工管理方式在他们身上不再适用。因此，管理者迫切需要知道如何管理这一群有个性、有想法、有创造力的新生代员工，让其发展成为公司骨干员工。

在这种情况下，为了帮助管理者消除管理困惑，更有效地把握新生代员工的管理方法，从而提升自己的管理艺术，我们特编写了本书。

通过本书的阅读，可以让管理者进一步了解新生代员工及其特点、员工的管理方法和激励方法，帮助管理者打造出一支凝聚力更高、竞争力更强的团队。

本书共8章，可大致划分为三部分。

◆ 第一部分为第1章，这部分主要对新生代员工进行介绍，包括新生代员工的特性、如何与新生代员工沟通以及新生代员工的压力有哪些等，帮助管理者充分了解新生代员工。

◆ 第二部分为第 2 ~ 6 章，这部分为员工管理篇，主要介绍了员工管理的
  一些实用方法，包括游戏管理、制度管理、薪酬管理、员工关怀管理以
  及绩效管理，涵盖了员工管理的多个方面，具有实际指导意义。

◆ 第三部分为第 7 ~ 8 章，这部分为员工激励篇，主要介绍了员工激励政
  策和员工激励的方法，帮助管理者快速了解并掌握各种实用性强的激励
  方法。

本书的优势在于从新生代员工的特点出发，通过一系列实用的员工管理方法和
激励方法，帮助管理者快速了解并掌握新生代员工的管理技巧。另外，书中加入了
大量丰富的案例、表格和图示降低枯燥感，让读者能在一种轻松有趣的阅读氛围中
学习本书的知识。

最后，希望所有读者都能从本书中学到想学的知识，快速了解新生代员工，轻
松管理企业。

编　者

目录

第 1 章　初次接触，了解年轻员工管理无障碍

第 3 章　规范工作，体系健全是做好管理的前提

第 5 章　关怀措施，重视员工的健康问题

第 6 章　绩效考核，促使新生代员工快速成长

第 7 章 激励政策，激发年轻员工潜力的法宝

第8章 选对方法,新生代员工激励方式全解

第1章

初次接触
了解年轻员工管理无障碍

　　了解是管理的前提，尤其是对于新生代员工，他们个性突出，有想法有创意，敢作敢为。管理者切不可将一些陈旧的管理思维运用在新生代员工身上，应该更多地了解接触，掌握他们的特点顺势而为，才能事半功倍。

1.1 新生代员工有哪些明显的特性

新生代员工大部分为"95后"，甚至是"00后"，他们与"80后""70后"的员工在许多方面都存在明显的差异，当"80后""70后"还在为生活稳定隐忍奔波时，新生代员工却在追求认同感，释放个性。作为管理者，有需要也有必要了解新生代员工的特点，只有这样才能更好地进行管理工作。

1.1.1 新生代员工的工作状态分析

工作状态指员工对工作的态度，例如热情、兴奋、麻木等。工作状态从影响上来看，分为积极的工作状态和消极的工作状态。积极的工作状态，指员工对工作内容和目标充满热诚、认真细致、不厌其烦，工作效率和结果自然较好。

反之，消极的工作状态指员工消极怠工、应付了事、不关心工作目标，自然工作结果不理想。作为管理者及时发现掌握员工的工作状态，可以帮助员工进行调整，促进员工和企业的发展。

尤其是新生代员工，他们个性张扬，追求个性化、差异化发展，如果长期处于消极的工作状态中，可能会引发大面积的员工离职现象。

掌握员工的工作状态，首先需要了解员工当前处于工作状态中的哪个阶段，然后才能对症下药。员工的工作状态按照阶段划分可以分为四个阶段。

◆ 第一阶段，被动阶段

被动阶段为员工工作状态的第一阶段，通常人们进入一个新的陌生环境后，对工作内容、工作流程及同事等都不熟悉，就会陷入被动工作状态中。处于被动状态中的员工通常只会对上级命令做出简单的服从，很少会做出其他反应，这样的工作状态是比较消极的。

当然被动阶段是不可避免的，也是每一个新入职的员工都需要经历的一个阶段。面对该阶段的员工，管理者需要用更多的耐心和责任心引导员工快速融入新的工作环境和工作内容中，尽量降低和减少新员工的不适感。

◆ 第二阶段，适应阶段

经过了一段时间的工作，员工已经逐渐适应了工作环境，此时转入第二个阶段，即适应阶段。该阶段的员工已经开始有少量的信息输出了，并且能够对直接的相关人员产生一定的影响。适应阶段中的工作状态相较于被动阶段明显更积极，也更能找到自我的价值。

◆ 第三阶段，主动阶段

主动阶段中的员工已经对工作非常熟悉了，并且对该工作的内容和价值非常认同，敢于发表自己的看法和意见，能够对团队提出很多建议，能对团队产生较大的影响。处于该阶段中的员工在工作中找到了自己的价值和意义，处于一个积极的状态之中。

◆ 第四阶段，创新阶段

创新阶段是在主动阶段上的进一步发展，员工能够在充分完成自己工作的情况下为团队提出创新、建设性的建议。处于该阶段的员工工作状态轻松、身心愉快，能够站在团队的角度思考问题，以寻求更好的发展。

从上述介绍可以看到，处于被动阶段的员工工作状态比较消极，处于适应阶段的员工工作状态相对消极，而处于主动阶段和创新阶段中的员工工作状况比较积极。

虽然每一个管理者都希望员工的工作状态处于主动阶段或创新阶段，但实际上一方面需要员工自身的努力，另一方面需要管理者的重视和关注。

好的工作状态能帮助员工调节生活与工作之间的平衡，维持生理与心理的健康，使其工作效率和能力处于一个较高水平。作为管理者，想要提升员工的工作状态，势必要对员工起到引导作用，多关心和重视员工，尤其是新员工。

1.1.2　雷达图分析员工能力

员工能力的强弱是管理者重要的了解项目，管理者需要了解员工各自的能力及其特点，再针对员工能力的不同，调整员工培养方向，有的可能适合管理岗位，有的适合技术岗位，有的则适合服务岗位。

员工的能力大致上可以从工作态度、知识能力、沟通能力、工作结果、工作效率和发展潜力六个方面来考核。

◆　工作态度

工作态度是员工工作的前提，一个人的能力可能存在高低之分，但态度上的差异决定了员工工作努力及负责任的程度。一个工作态度不端正的员工，通常无法得到客户和管理者的信任。

了解员工的工作态度需要从多个维度来掌握，可以从工作内容出发，找出与其相关的直接或间接人员进行了解。以销售业务员为例，可以从客户、直接上级、同事以及自己四个角度来了解其工作态度。

◆　知识能力

知识能力指员工的知识储备能力，包括专业技术能力和学习能力。不同岗位对员工的知识能力要求不同，知识能力要求越高的岗位，通常专业性更强。

◆　沟通能力

沟通能力指员工在工作中的沟通、谈判能力，沟通能力的强弱可直接影响一件事情的成败。如果员工能用通俗易懂的表达、轻松幽默的方式进行沟通，必然能促使事情向良好的方向发展。沟通能力在服务行业、销售行业尤为重要。

◆ 工作结果

工作结果表现指员工的工作完成情况，是否能保质保量，按时完成上级分配的任务。工作结果是员工工作能力的最终表现，也是员工的价值体现。

◆ 工作效率

工作效率指员工完成工作的时间，也是员工工作能力强弱的重要指标。工作效率高的员工工作能力越强，能给企业带来更多的生产力和经济效益，也能为企业带来更多的活力。

◆ 发展潜力

未来发展潜力指管理者对员工未来的发展潜力的评估，也是公司人才培养计划方向。准确的评估能对公司未来发展和提升带来很大的裨益。相反，错误的评估会阻碍公司发展，浪费公司资源。

以上六项是大部分企业比较适用的员工能力考察项目，但因为岗位实际能力的需求不同，所以员工能力考察项目的设计，具体以岗位需求为准。

找到员工的能力考察项目之后，就可以做雷达图分析员工能力差异了。下面我们以某公司员工能力分析为例做介绍。

案例实操 用雷达图直观分析员工能力

按照六项能力标准为员工打分，打开 Excel 将数据录入表格中，如图 1-1 所示。

图1-1 输入数据

选中表格内容，单击"插入"选项卡，在图表栏中单击其他图表后的下拉按钮，单击"带数据标记的雷达图"按钮，如图1-2所示。

图1-2 插入雷达图

得到员工能力雷达分析图，如图1-3所示。

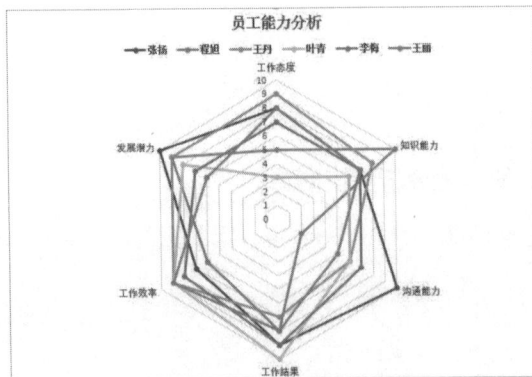

图1-3 员工能力雷达分析图

从图1-3可以清晰地看到，王丹的工作态度最好，程旭的知识能力最好，张扬的沟通能力和发展潜力最好，叶青的工作结果最好，王丽和叶青的工作效率比较高。

管理者可以针对员工能力的分析结果，做出培训和管理方案，让每个员工都能尽可能发挥自己的优势。

1.1.3 性格测试了解员工的职场性格

我们在生活中常常会听到"开朗""孤僻""外向"等性格评价，在职场中也是如此，有的人面对工作焦躁不安，有的人兴致勃勃，有的人稳如泰山，这就是职场性格差异。

不同的职业有不同的性格要求。虽然每个人的性格都不可能百分之百适合某项职业，但可以根据职业倾向来培养、发展相应的职业性格。因此，管理者有必要了解员工的职场性格，通过性格的不同，了解员工做事的内在动力，或者根据员工职场性格分析判断员工未来的发展动向，从而提升员工管理和团队凝聚力，稳定团队。

职场性格指员工在长期特定的职业生活中所形成的与职业相联系的、稳定的心理特征。

人的性格千差万别，职场性格也是如此，比较常见的有以下方面。

◆ **变化型：** 喜欢新鲜的事物，在新的环境或者面对新的工作挑战，都会感到新鲜和愉快，更容易全身心地投入到工作中。

◆ **机械型：** 与变化型相反，喜欢从事同一件事，在固定的环境下做相同的熟悉的事情，能够给自己带来巨大的安全感，喜欢重复性的、有规则可循的固定工作。

◆ **服从型：** 喜欢听从指令或按照他人的指示办事，不愿意承担责任，也害怕承担责任，不愿意自己独立做出决策。

◆ **独立型**：与服从型相对应，喜欢自己计划活动和内容，能够独立思考并快速做出决策，并从工作中获得快感。

◆ **协作型**：与人协同工作感到愉快，善于引导别人按客观规律办事，希望自己能得到同事的喜欢。

◆ **劝服型**：乐于设法使别人认同自己的观点，并能够通过交谈或书面文字达到自己的目的。对别人的反应具有较强的判断能力，并善于影响他人的态度、观点和判断。

◆ **自我表现型**：喜欢表现自己，通过自己的工作和情感来表达自己的思想。

◆ **严谨型**：注重细节，愿意在工作过程的各个环节中，按照一套规则、步骤将工作过程做得尽善尽美。严谨、努力、自觉、认真，保质保量，喜欢看到自己出色完成工作后的效果。

需要注意的是，性格没有好坏之分，充分了解员工的职场性格只是为了让管理者更好地把握员工的需求，与员工更好地工作，并做好相应的工作安排。

但是在实际工作中，管理者往往没有太多的时间来仔细观察，了解各个员工的性格特点，此时我们可以借助职场性格测试问卷，快速掌握员工的性格特点。

市面上关于职业性格测试的问卷有很多，各种理论基础都不同，建议不要使用过多的测评，过多反而会让自己的思维陷入混乱之中。这里为大家推荐 MBTI 职业性格测试。

著名心理学家荣格认为人的心理活动有思维、感情、感觉和知觉这四种基本功能，可以将人划分为八种人格类型。美国心理学家伊莎贝尔·布里格斯·迈尔斯和她的母亲凯瑟琳·库克·布里格斯在此基础上加以扩展，形成四个维度，并编制成了《迈尔斯—布里格斯类型指标》，也就是

MBTI 职业性格测试。

四个维度分别是注意力方向、认知方向、判断方式和生活方式，这四个维度如同四把标尺，每个人的性格都会落在标尺的某个点上，这个点靠近哪个端点，就意味着个体有哪方面的偏好。以下为 MBTI 职业性格测试题（节选）。

1. 当你要外出一整天，你会（　　　）

   A. 计划要做什么和什么时候做　　　　B. 说去就去

2. 你是否（　　　）

   A. 容易让人了解　　　　B. 难以让人了解

3. 你认为自己是一个（　　　）

   A. 比较随兴所至的人　　　　B. 比较有条理的人

4. 假如你是教师你愿意教（　　　）

   A. 以事实为主的课程　　　　B. 涉及理论的课程

5. 处理许多事情时，你喜欢（　　　）

   A. 随心所至行事　　　　B. 按照计划行事

6. 下面哪个词更合你的心意（　　　）

   A. 仁慈慷慨　　　　B. 意志坚定

7. 按照程序表做事（　　　）

   A. 合你心意　　　　B. 令你感到束缚

8. 你做事多数是（　　　）

   A. 按当天心情去做　　　　B. 按照拟好的程序去做

9. 你倾向于（　　　）

   A. 重视情感多于逻辑　　　　B. 重视逻辑多于情感

10. 与很多人一起（　　　）

    A. 令你获利倍增　　　　B. 常常令你心力交瘁

11. 当你面临任务，你喜欢（　　　）

　　A. 开始前小心组织计划　　　　B. 边做边找需要做什么

12. 在大多数情况下，你会选择（　　　）

　　A. 顺其自然　　　　　　　　　B. 按程序表做事

13. 你通常（　　　）

　　A. 与人容易混熟　　　　　　　B. 比较沉静和矜持

14. 哪些人会更吸引你（　　　）

　　A. 思维敏捷、聪颖的人　　　　B. 实事求是、常识丰富的人

15. 大多数人会说你是一个（　　　）

　　A. 重视自我隐私的人　　　　　B. 非常坦率开放的人

16. 在一大群人当中，通常是（　　　）

　　A. 你介绍给大家认识　　　　　B. 别人介绍你

17. 哪个是较高的赞誉（　　　）

　　A. 能干的　　　　　　　　　　B. 富有同情心

18. 你喜欢花很多时间（　　　）

　　A. 一个人独处　　　　　　　　B. 和别人在一起

19. 你和哪些人更合得来（　　　）

　　A. 富有想象力的人　　　　　　B. 现实的人

20. 你宁愿被人认为是一个（　　　）

　　A. 实事求是的人　　　　　　　B. 机灵的人

1.1.4　新生代员工只为"快乐"工作

　　根据人才市场发布的人才供求情况分析报告指出，应往届高校毕业生仍是求职的主体，但整体求职的人员数量明显减少。专家分析，随着一二

线城市住房成本、生活成本的上升，以及其他地市用工需求增多和薪酬待遇的提升，有些求职者更愿意在家门口就业。

随着求职人员的低年龄化以及高学历化，其就业观念、就业心态也在发生变化，尤其是新生代求职者，对好工作的标准发生了改变。新生代求职者已经从追求物质成功，逐渐转向工作是否快乐，是否能够在工作中得到尊重。

这可能是因为他们的父母为他们打下了较好的物质基础，所以他们换工作的成本不高，裸辞的概率比较高。在这样的条件下，新生代员工在工作中更注重自我感受，希望通过工作提高自己的幸福感，而非简单的薪酬。

鉴于此，很多时候都能看到新生代员工求职时考虑的是：

◆ 有没有下午茶？

◆ 是不是双休？

◆ 有年假吗？多长时间？

◆ 工作环境是否温馨？

◆ 单位有健身房吗？

表面看起来，这些问题似乎与工作无直接关系，却正好体现出新生代员工的特点，他们注重工作氛围和生活质量，想投入工作实现价值而不被金钱所屈服。

明白了新生代员工工作的核心之后，管理者就需要想办法提升员工工作的快乐感。

（1）轻松的工作环境

一天 24 小时，除去上下班途中和睡觉的时间，员工大部分时间都在公司，如果公司环境枯燥乏味，很容易引起员工的反感或厌倦。因此，管理者应该为员工营造一个轻松快乐的工作环境。

工作环境的打造主要指富有新意和想法，一方面可以给员工带来便捷，另一方面也代表了公司的形象。图1-4为特色化的办公室环境，或温馨，或现代，或工业。

图1-4 特色化办公环境

（2）维持生活与工作的平衡感

目前，很多公司将加班作为了一种常态，业绩不好加班，旺季加班，月底加班，这好像已经成为职场人士的标签。但是对于员工来说，他们除了工作之外，还有生活，大量的加班使员工失去了享受生活的时间，自然幸福感降低。所以管理者应注意平衡员工工作与生活的时间，让员工可以在工作之余放松地去享受生活。

（3）和谐的人际关系

同事之间的愉快相处，以及上下级之间的顺利沟通，都会直接影响员工的幸福感。因此和谐的办公室关系也是提升工作幸福感的一大因素，同时员工工作的稳定性也会随之提高。

和谐的人际关系不能仅仅依靠员工间相互的沟通交往，更需要管理者不断提升人际管理艺术，改进管理风格和沟通方式，淡化上下等级观念，还需要真正用心去构建公平、公正、友爱、和谐的企业文化，才能让员工在愉快的协作沟通氛围中认真工作。

（4）上级和团队的信任和支持

任何人都希望得到他人的信任和支持，当然员工也是如此。如果员工在工作中能够充分感受到团队成员和上级的信任和支持，必然会更加热情地投入到工作中。

除了上述方法之外，提升员工幸福感的方法还有很多，例如公开透明的竞争机制、提升员工午餐水平、增加员工福利等。

我们可以看到，提升员工的快乐感并不意味着要做一件重大的事情使员工感受到快乐，而是需要管理者回归"以人为本"的理念，崇尚管理从人性出发，最大限度地去尊重和理解员工，从日常小事出发更多地体现出企业的人性化管理，达到关怀员工的目的。这似乎已经成为新时代下企业管理员工的一个共识。

1.2 解决好沟通问题，才能一起前进

沟通是人与人交往过程中，获得彼此信任，相互尊重的前提。有效地沟通能够让彼此在交流中增进情感，使工作发展得更顺畅。但是，无效沟通会让工作陷入瓶颈，阻碍工作的开展。所以，管理者要做好员工的沟通工作，及时了解员工真实的想法，做到有效沟通。

1.2.1 建立有效的沟通渠道

员工关系管理中最重要的就是沟通，而沟通需要建立有效的渠道。企业中的沟通渠道指的是信息得以传送的载体，根据沟通的内容可以将其分为工作沟通渠道和情感沟通渠道两个方面。

（1）工作沟通渠道

工作沟通渠道指的是员工在上班过程中针对工作内容而进行沟通的途径。沟通的方式有很多，不同的方式适合不同的场所和不同的工作类型，具体见表1-1。

表1-1 工作沟通的渠道

渠　道	说　明
基层调查	基层调查经常适用于中型或大型企业中，管理人员通过定期或不定期地到基层员工中调查研究和检查工作，与基层员工进行面对面沟通交流，了解员工的想法、工作状态和思想状况

渠　　道	说　　明
上级谈话	上级谈话是比较常见的一种沟通方式，其中又分为单独谈话和非单独谈话。上级谈话是一种快速、有效的沟通方式，下级能够快速准确了解上级的想法和要求
例会	例会指根据约定的惯例每隔一段时间举行一次会议，例如周会、月度总结会，目的在于及时了解工作进度，协调各员工的工作方法，给予适当支援等
电子沟通	电子沟通是如今比较常见，也比较普遍的一种沟通方式，员工们在电脑上直接沟通，减少了面对面沟通的压力和尴尬，既能私聊也能群聊，简单高效。随着新媒体的兴起，电子沟通的工具也有很多，例如QQ、微信、微博以及邮件等，大幅提高了沟通的效率

（2）情感沟通

除了在工作上的沟通之外，管理者还要注意员工的情绪变化，注重员工的情感沟通。情感沟通主要指通过一些方式使员工宣泄、释放情绪，增进员工与管理者、员工与公司之间的情感联系，从而增强对公司的忠诚度。

情感沟通的渠道主要有两类：一类是开展各种文体活动，例如员工运动会、篮球赛、员工旅游以及文艺晚会等，让员工在互动交流中增进了解；另一类是定期聚餐，人在餐饮过程中会不自觉地放松自己，定期举行聚餐活动能促进与员工的友好互动。

最后，沟通确实需要畅通渠道，但是并不是沟通渠道越多越好，只要选择适宜的渠道听取员工的建议和联系彼此的感情就足够了。

1.2.2　建立完善的沟通管理制度

为了进一步完善企业中的员工沟通情况，真实有效地掌握员工的想法及员工的工作情况，企业有必要建立一个完善的沟通管理制度，要求企业中的各层级员工做好自己分内的沟通职责。

通常企业沟通管理制度中主要包括：沟通方式、沟通职责以及越级沟通等内容。首先会在沟通制度中列出企业内的一些沟通方式，方便员工及时提出意见。其次会在沟通制度中指出员工自身的沟通职责，尤其是管理人员有必要与下属及时沟通，了解下属的工作情况和想法。最后，企业中常常会出现一些特殊的越级沟通情况，需要在沟通制度中单独说明。

图 1–5 为某公司的沟通管理制度。

公司内部沟通管理制度

一、制定本制度的目的

为促进公司各部门及工作人员之间的交流，培养一种正确的沟通心态，把积极地沟通变成一种习惯，使每一个岗位对上对下的沟通都变成一种需求，在沟通中提高工作效率和准确度，减少误解和矛盾，融洽工作关系，增进同事及上下级感情，建立和谐的工作关系，同时建立良好、健康的问题反映及解决渠道，特制定本制度。

二、沟通前的心态改变

良好的沟通首先要从改变心态开始。

1.健康的心态

我们在整个团队中倡导坦率、真诚、相互信任、相互帮助的沟通氛围，倡导全体员工树立端正的沟通心态！要使沟通基于工作本身，让沟通帮助整个团队提高工作准确度及效率；在工作中要保持积极畅通的沟通交流，发现问题时通过正确的渠道反映，而不是背后议论与传播；在谈工作中的问题时，要就问题谈问题，不要包含太多个人情感倾向；在他人向自己反映工作中存在的问题时，要乐于接受，积极改善。

2.需求的心态

每一个人都要把沟通变成一种需求：对上级来说，下级工作的优秀表现或是不足，下级思想与生活的动态，都要变成自己的沟通需求，积极与下级去沟通；对下级来说，本部门工作中的各种问题，上级管理工作中出现的问题，也都要变成自己的沟通需求，积极与上级去沟通；对于同事以及各部门之间，积极地沟通也要成为一种需求，以促进工作效率与效果；每一名员工对公司的沟通也成为一种需求，对公司具有代表性问题的提出与建议，对公司改革、发展的建议和意见，都可以通过各种方式进行沟通。

三、沟通方式

1.面谈：主要指一对一、面对面的谈话。

2.会议：包括问题讨论会议、工作协调会议、员工座谈会、全体员工大会等方式。

3.书面沟通：包括工作报告、文件、内部刊物等方式。

4.网络沟通：包括电话、电子邮件与网络即时联络工具等方式。

四、各处的沟通职责

（一）人事部门

1.人力资源部要积极促进各部门间的沟通，并给予中层管理以上人员相关沟通技能的培训。

2.定期进行员工满意度调查问卷，了解员工的目前工作的状态和需求。

（二）每一位有下属的管理人员

1.在新员工入职时，要与其进行入职谈话，介绍公司及工作的简要情况，并表达对其在公司发展的期望与祝愿。

2.在员工试工期满转正时，要通过面谈，对其试用期的表现做出评价，表扬优点、指出不足，并提出对其今后的工作期望。

3.在员工工作绩效不佳时，要通过面谈，帮助员工寻找与工作目标之间的差距，与公司要求的差距，提出改进意见，并表达对员工的期望，以提高员工工作绩效。

4.在员工心态出现问题时，要立即与其谈话，帮助其分析原因并改变心态。

图 1–5　某公司的沟通管理制度

沟通制度的建立是为了规范企业内的沟通渠道。没有规范的沟通制度，沟通就会陷入混乱，导致信息失真，使员工对企业产生不必要的误解。为了倾听员工真实的想法和建议，掌握员工的动态和需求，使企业管理者的管理更贴近实际，并行之有效，企业有必要建立并健全企业内的沟通制度，并建立投诉渠道，监督违规违纪行为的发生。

1.2.3 掌握新生代员工的聊天方式

新生代员工在沟通交流中与"70后""80后"有着明显的差异，因为新生代员工更乐于接受新鲜事物，更善于表达自己的想法，所以在沟通交流中，这一特点表现得比较突出。管理者，尤其是新生代员工较多的创新型企业中的管理者需要掌握新生代员工聊天的方式，能让沟通更加顺畅。

（1）表情包成为一种流行文化

表情包指利用静态或动态图片来表示感情的方式。表情包在社交软件活跃之后，逐渐形成了一种流行文化，在互联网上使用非常广泛。随着新生代员工融入职场，表情包也逐渐在职场中成为热门。

表情包在沟通中占据重要作用，具体如下所示。

①表情包的出现丰富了聊天内容，使原本枯燥的文字变得生动有趣。

②表情包能够缓解聊天中的尴尬，即使无话可说也不尴尬。

③表情包能够更好地传达意思和表情，比文字表达更精准，更容易减少误解。

④对新生代员工来说，表情包是自我的一个展示平台，从最初的符号表情和Emoji表情，再到现在的各式各样的图片和动态图片做成的表情包，从某个人长期使用的表情包中，判断出这个人的性格和品味。

因此，管理者有必要学会在聊天中尽可能地使用表情包，学会在轻松的聊天氛围中与新生代员工完成沟通。表情包的种类有很多，不同类型的表情包适合不同的场景，有不同的效果。

◆ 正能量与丧文化表情包

正能量表情包指图片中表现积极、正能量内容的表情包，比较常见于中老年人的表情包中。丧文化表情包，指一些"90后""00后"的年轻人，通过图片表现自己的沮丧。

◆ 纯文字和配文字型表情包

纯文字表情指通过纯文字截图组成的表情包、这类表情包样式比较单一，制作的重点在于文字的设计，包括字体选择、文字排版以及文字内容的选择，从而形成不同的风格。

配文型表情包指在一些趣图或美图上添加一些趣味性强的、符合时下场景的文字，从而形成的表情包。这类表情包制作要求作者对图片内容具有高敏感性，能够准确获取图中的关键信息，并将其精准地表达出来。

◆ 原创型与暴走型表情包

原创表情包通常指绘画爱好者以及漫画爱好者，他们原创制作出的一些动画形象形成的表情包。这类表情包专业性较强，且通常成套制作，可以迎合多种场景，因而更具观赏性和艺术性。

"暴走"一词属于网络流行语言，它是年轻人释放自我、表达强烈情绪和感情的代名词。暴走型表情包有着画面饱满、形象简单、表情夸张的特点，能够给人强烈的幽默感和视觉冲击感。

◆ 影视剧截图表情包和真人表情包

影视剧截图表情包指从影视剧中截取经典的台词画面，或截取标志性的场景，然后加工而制成的表情包。这类表情包因为影视剧本身的原因，自带了许多粉丝，所以很受欢迎。

真人型表情包指捕捉一些真人表情、反应和动作等制作而成的表情包，这些表情包真实性较强，能够快速吸引人关注。不过制作这类表情包，需要捕捉一些特殊的、有趣的、另类的真人反应，才能达到最佳效果。

（2）网络语言，不会说也要明白什么意思

网络语言指从网络中产生或应用于网络交流的一种语言，包括中英文字母、标点、符号、拼音、图标和文字等多种组合。这种组合，往往在特定的网络媒介传播中表达特殊的意义。

网络语言主要在新生代员工中被广泛应用，因为他们普遍接触网络的时间比较早，且对网络中流行的新鲜事物比较热衷，从而养成了他们在聊天交流过程中大量使用网络语言的习惯。作为管理者，想要贴近新生代员工的思想，就需要常看网络流行语言。表1-2为常见的网络语言。

表1-2　网络语言

词语	意义	词语	意义
ky	没眼色、胡说	zqsg	真情实感
xswl	笑死我了	xjj	小姐姐
yyds	永远的神	dbq	对不起
pyq	朋友圈	bhs	不开心
nbcs	无人在意	我酸了	我羡慕了
好嗨哟	表达很高兴和兴奋的状态	是个狼人	用来调侃某人做事不按常理出牌，却又能取得奇效，给人一种出乎意外很厉害的感觉
雨女无瓜	"与你无关"的谐音，是一种普通话不标准、带有方言腔的表达	确认过眼神	即从眼神里得到了证实
柠檬精	用来嘲讽他人的，其含义与"嫉妒"类似	佛系	指"不争不抢，不求输赢，不苛求、不在乎、不计较，看淡一切，随遇而安"的生活态度
巨婴	指心理滞留在婴儿阶段的成年人	你品，你细品	指在这其中还包含有更深的意思，看透不说透

需要注意的是，网络语言新旧更替比较快，一方面管理者要懂得这些常见的网络语言的意思，另一方面也要注意实时更新自己的词语积累，避免不合时宜。

1.3 压垮年轻员工的"一根稻草"

管理人员可能会奇怪，怎么一些新生代员工做错事，稍微说一下，员工就辞职了，现在的员工这么脆弱了？不能批评了？实际上，员工可能平时已积累了过多的压力，达到一个极限，而一次批评只是压垮员工的最后一根稻草罢了，这次不爆发，下次也可能发泄出来。管理者应该在日常的管理中注意查看员工的状态，适当地缓解员工压力，避免员工长时间陷入紧张的压迫感中。

1.3.1 导致员工压力过大的因素有哪些

想要缓解员工的压力，首先需要了解造成员工压力过大的因素有哪些，才能对症下药从根源上解决问题。员工的压力可以从两个方面来进行分析，即工作和个人情况。

首先是工作，因为员工的工作内容不同，所以承受的压力来源也不同，我们可以根据压力的来源对其进行划分，具体见表1-3。

表1-3 工作导致的压力

来　　源	原　　因
工作任务	1. 工作量过大，时间紧迫 2. 同事间的竞争与配合 3. 绩效目标的考核 4. 对公司淘汰制度的恐惧 5. 新技术的学习和更新 6. 长时间的加班工作 ……

续表

来　源	原　因
工作环境	1. 不顺心的工作环境，例如紧张、高压、高温、潮湿、嘈杂等 2. 频繁的人事调动 3. 不称心的办公硬件、软件 4. 缺乏支援的独立工作 ……
人际关系	1. 同事间的相处 2. 下级的不理解 3. 上级的冲突 ……

　　除了工作方面之外，还有个人自身带来的压力，主要包括三个方面：一是自我情绪，例如自我要求过高，完美主义，或者是较为自闭，缺乏沟通，又或者是好胜心过强等；二是个人能力，例如担心能力不足，不能胜任，或者担心承担责任；三是家庭原因，家人给予过高的期望等。这些都会在无形中给自己带来压力。

1.3.2　对员工进行压力诊断

　　事实上，压力并非毫无可取之处，适当的压力可以促使员工更努力奋进地工作。因此，管理者要懂得对员工的压力进行诊断，判断员工当前是否存在压力过大的情况。

　　诊断员工的压力情况主要是看员工有没有出现一些异常的表现。可以通过诊断表让员工自查，了解员工的压力情况。一般人在承受了巨大的压力之后，会出现一些反常的表现，在被压力完全压垮之前，有必要了解自己当前的压力状况。压力过大的表现有以下几种。

◆ 经常性疲劳

当压力过大时，身体首先有反应，感到异常疲劳，即便晚上睡眠充足，但工作时依然觉得疲倦。因为压力在无形中让身体机能过度运转，即便在闲暇之余也不能完全放松，所以才会出现疲劳。

◆ 失眠

失眠是比较常见的一种压力过大的表现，压力相关的失眠症主要源自无法停止思考，也就是无论何时，你的身体仍然处于"工作过度模式"。当然，由于无法入睡，第二天你就会变得更疲劳，而这只会越发增加你的压力负荷。

◆ 免疫力下降

长期高压下，身体免疫力逐渐下降，疾病就接踵而至。研究发现，人在重压力期免疫系统会降低 30％，甚至出现背部疼痛、下巴疼痛、牙龈出血或拉肚子等情况。

◆ 情绪暴躁

很多人在压力过大时都会出现情绪暴躁的情况，这也是最直接的一种表现。此时，人会变得容易被激怒生气，看什么事都不顺眼，而且自己也不知道为什么总是发怒。

◆ 掉头发

当出现重大变故时，人体会产生应激反应，约 3 ~ 6 个月后，可能出现脱发。这是由于应激反应令人体分泌大量雄激素刺激头发毛囊，这种暂时性脱发短期内无法恢复。过多雄激素还会带来痤疮等皮肤问题，也是压力过大的表现。

◆ 健忘

长期处于压力环境中的确会让记忆力出现问题，随着工作和生活责任的双重压力，很难解决所有的事情。如果经常出现忘记把钥匙放哪儿了或者经常忘记会议，那你的压力很有可能达到极限了。

当然，除了上述的一些表现之外，还可能出现其他一些表现。一旦发现自己或是员工出现压力过大的情况时，要及时干预，寻求解决的办法。一方面可以去医院寻找专业的医生，另一方面也可以申请休假，彻底地放松自己。需要注意的是，盲目地坚持可能会引发更大的疾病。

1.3.3 舒缓员工压力的方法

管理者要注意员工的压力管理，适当舒缓员工的压力，为员工减压减负，才能促使员工更好地投入到工作中。管理者在做压力管理时要遵循以下四个基本原则，如图 1-6 所示。

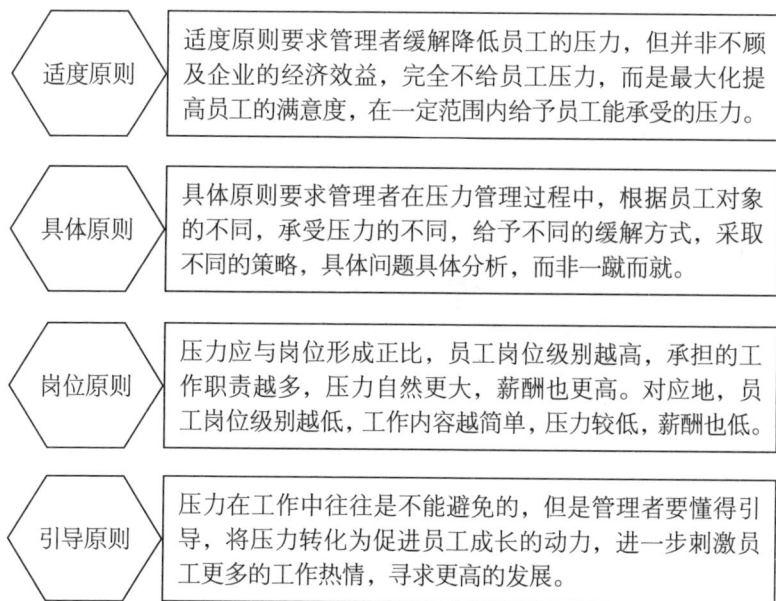

适度原则　适度原则要求管理者缓解降低员工的压力，但并非不顾及企业的经济效益，完全不给员工压力，而是最大化提高员工的满意度，在一定范围内给予员工能承受的压力。

具体原则　具体原则要求管理者在压力管理过程中，根据员工对象的不同，承受压力的不同，给予不同的缓解方式，采取不同的策略，具体问题具体分析，而非一蹴而就。

岗位原则　压力应与岗位形成正比，员工岗位级别越高，承担的工作职责越多，压力自然更大，薪酬也更高。对应地，员工岗位级别越低，工作内容越简单，压力较低，薪酬也低。

引导原则　压力在工作中往往是不能避免的，但是管理者要懂得引导，将压力转化为促进员工成长的动力，进一步刺激员工更多的工作热情，寻求更高的发展。

图 1-6　压力管理原则

另外，管理者还需要掌握一些切实有效的舒缓员工压力的方法，具体如下所示。

①鼓励员工多运动，可以建立或组织一些健康的运动制度或活动。通过大量的运动，不仅能够增强员工的体质，提高员工身体免疫力，还能够有效缓解压力。从生理学的角度看，运动可以"燃烧"多余的肾上腺素，可以从人体中抽取那些易使人疲劳的化学成分，强化人的抵抗力。如今，很多大型的企业都会在办公室配置健身房或健身器材，方便员工在闲暇时通过运动放松自己。

②引导员工倾诉沟通。很多时候员工的压力来自自身的反复纠结，此时，如果管理者能够引导员工说出自己的问题，一起商议解决问题，可以大幅减少员工承受的压力。

③提供下午茶的休闲时间。管理者可以根据企业的行业性质，在条件允许的情况下设置下午茶时间，让员工在下午茶时间聚集在一起聊天交流，吃零食，放松自己。

④为员工播放舒缓的音乐。舒缓的音乐能够使人平静，并得到放松，有条件的企业可以尝试在不影响正常办公的情况下，为员工播放舒缓的音乐缓解员工的紧张情绪。

⑤鼓励员工发挥自己的兴趣爱好。人在做自己有兴趣的事情时会专注并感到放松，企业可以根据实际情况举办一些活动，让员工充分发挥自己的所长。

第2章

打破传统
游戏式管理更适合新生代员工

在传统的企业管理中，员工关系管理通常以明确严格的制度来对员工的行为进行约束管理，但这一套管理对新生代员工来说显然并不适合。此时，我们可以尝试他们更愿意接受的游戏式管理模式，将游戏思维融入管理中，让工作可以像游戏一样有趣。

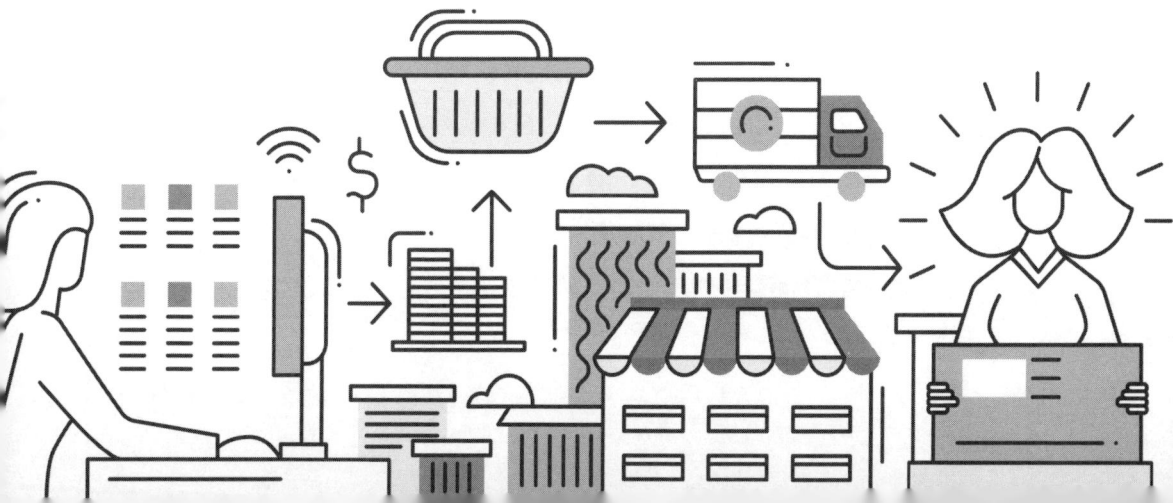

2.1 适合新生代员工的游戏化管理

很多管理者对游戏化管理这一管理方式比较陌生，甚至觉得奇怪，游戏是娱乐，如何将员工管理与娱乐结合在一起呢？实际上，游戏化管理就是将游戏的思维融入管理当中，让员工工作可以像打游戏一样有趣。这样的游戏式管理方式更适合爱打游戏、充满竞技精神的新生代员工。

2.1.1 游戏化管理是什么

随着"90后""00后"的成长和工作，并逐渐成为企业发展主力，如何充分激发他们工作的积极性和特点，成为所有管理者的工作重中之重。游戏化管理就是在这样的环境下被提出来的。

游戏化管理指将游戏的思想、机制、运营思维运用到非游戏活动中，进而改变人的固有行为模式。在员工关系管理中，游戏化管理就是将游戏机制和游戏元素与企业原本的激励、晋升、薪酬、考核等结合起来，以升级打怪的思维，激发员工个体的自我驱动力，从而改进员工的行为方式，推进员工工作。

游戏化的员工管理具有以下几个特点。

①游戏化管理机制的设置增加了员工工作的趣味性和积极性，能够使原本枯燥的工作充满乐趣。

②游戏化管理融入了游戏的通关升级概念，更容易激发新生代员工的好胜心和竞技心，从而快速提高工作质量和成效。

③整套的游戏化管理机制，除了能够让企业看到员工的工作效果，更能让员工感受自我的提升，例如从青铜到王者的游戏身份改变。

④"90后""00后"新生代员工普遍受过高等教育，家庭成长环境富足，

使得他们在工作生活中不安于现状，更渴望追求幸福感和自我价值的实现。游戏化管理，将游戏的乐趣融入工作中，更适合新生代员工。

2.1.2　为企业设计游戏化管理方案

我们了解了游戏化管理的基本概念之后，就可以结合企业的实际情况设计游戏化管理方案了，设计游戏化管理方案需要经过以下几个步骤。

（1）确定终极目标

任何游戏都有一个终极的目标，让玩家为之奋斗，例如开心消消乐的终极目标是打通关，而超级马里奥的终极目标是救出公主。因此，设计者首先需要确定一个玩家能够为之奋斗的终极目标，并确保员工的预期和游戏目标相互匹配，这样设计的游戏化管理模式才能促进员工更好地成长。

（2）确定游戏的动力元素

每一个游戏设计之初都需要确定一个动力元素，也就是动机，以便让玩家自愿参与，并沉醉其中。玩家只有渴望做某件事时，才会产生极大的兴趣。

游戏的动力元素有很多，例如约束、进展、关系等，其中比较常见的还是情感和荣誉。不断升级可以得到其他玩家的认可，也可以得到荣誉，这些都是玩家参与游戏的动力。

（3）选择游戏类型

市面上的游戏有很多，设计者需要构思什么样的游戏才更具吸引力，能够充分激发玩家的兴趣和征服欲。目前的游戏类型见表2-1。

表 2-1　游戏类型

类　型	内　容
充满新鲜感	充满新鲜感的游戏指的是普遍玩家没有见过的游戏，出于好奇和体验的心理，这类游戏可以快速俘获玩家的心。但是这类游戏的生命周期较短，玩家多数以体验为主，如果没有真正有趣的内容很快就会流失玩家
充满挑战感	挑战是游戏竞技最突出的一个特点，玩家通过在游戏完成任务或目标，获得成就感，不断激励向上
充满认同感	组队类型的游戏，玩家可以在游戏过程中与其他玩家交互联合，然后每个团队或成员之间进行比赛、点赞和交流，获得其他玩家的认同

　　新鲜感、挑战感和认同感是一款游戏吸引玩家的主要原因，设计者在设计时也可以将其中一两点，或者都融入其中。

　　（4）设计游戏机制

　　游戏机制是游戏管理运行的基础，设计者需要明确游戏的机制类型。目前游戏里常用的机制有以下三类。

　　◆ **关卡机制：** 关卡机制指游戏中设置了很多的关卡，玩家只有完成了当前的任务才能通过关卡，随着玩家的升级，关卡难度逐渐升级。玩家在通关过程中可以不停地获得成就感和荣誉感，然后赢得新的挑战和目标。

　　◆ **匹配机制：** 匹配机制指游戏会根据玩家水平自动匹配水平相同的对家，然后进行相互挑战。玩家只有在挑战中不断获胜，提高自己的水平，才能够获得更高荣誉。这样避免了菜鸟与大神比赛的尴尬。例如英雄联盟中的黑铁玩家，系统会自动匹配黑铁玩家，而不会匹配最强王者。

◆ **惩罚进步机制：**惩罚进步机制指的是辅助成长机制，每个玩家都有一个分数，当玩家战胜比自己段位高的对手时，可以得到更多的分数，升级玩家水平。

（5）细化游戏规则，沉浸玩家

围绕游戏设计更细致的游戏规则，让玩家能够更好地沉浸其中。细化时主要从以下几个方面入手，见表2-2。

表2-2　细化游戏的方式

方　　向	内　　容
金币系统	员工每完成一个任务都可以获得相应的金币，起到及时激励的作用，让员工更积极投入工作。但注意，所有的游戏化互动都是为了增加员工完成企业目标的趣味性、人性化，设置虚拟商品并赋予其精神奖励及物质奖励更有效
任务系统	将员工目标进行分解，成为一个个任务，提高员工工作效率，也提高了员工工作的成就感
升级系统	设置排行榜、等级、点数等元素，保证员工工作实现的量化和可视化。量化可以让员工看到工作努力后的正面反馈，可视化可以激励其他员工看到他们的努力。另外，升级系统的设置还能让员工清楚看到自己的奋斗目标和终极目标
奖罚系统	为规范玩家各类的行为，需要在游戏中设置相应的奖励和惩罚措施，当然这可能需要在实际的运行中逐渐发现问题和漏洞，并通过立规则的方式进行修正。整个游戏机制需要有完善的规矩，才能确保顺理成章、流畅地推动下去
社交关联	安排任务让员工和其他部门员工交流，加深融入，并在一定程度上给予使命感，增强团队凝聚力
培训系统	智慧学习系统，批量复制人才，帮助员工学习和成长

总的来说，游戏机制的设置需要遵循一定的步骤，结合企业目标和员

工期待，从而解决企业的员工管理问题。如果只是单纯为了游戏而设计，那么游戏化管理的结构可能会与最终目标南辕北辙。因此，在进行游戏化体系的设计时，如何平衡二者至关重要。

2.1.3 游戏的核心玩法与企业实际结合

每一种游戏都有一个核心的玩法，例如超级马里奥的核心玩法是跳跃躲避，开心消消乐的核心玩法是移动消除，神庙逃亡的核心玩法是奔跑躲避。一款游戏好不好玩，能不能成功吸引玩家关键在于核心玩法。如果一款游戏的核心玩法不好玩，那么即便其他的细节再完美也不能成功吸引玩家。

在游戏化管理中，游戏的核心玩法设计通常与企业的职业和岗位特性密切相关。例如销售企业以销售为主，那么它的游戏管理设计应该与其业绩、职务等相关，才具有意义。

案例实操 步科销售团队游戏化管理实践

步科原先的销售团队的组成结构，由上至下分别是：销售部、销售大区以及销售办事处。一线的销售人员如果想为客户申请特殊价格或产品，则需要依次通过办事处经理、大区经理以及销售总监的审批，并经由销售总监和产品部门进行沟通，才能获得最终的许可。

这样的流程看起来规范条理，但对于销售人员和客户而言都太过冗长。为了提升组织的敏捷性和生命力，步科取消了销售大区这一层级，并将游戏化元素引入了薪酬管理中。原有的销售办事处更名为部落，引入游戏化管理，具体的游戏规则如下。

1. 每个部落分管所属的销售区域。

2. 每个部落平均 3 个人，包括一名首领、若干长老以及新人。

3. 两人以上即可组成部落，但人数不建议超过5人。

4. 部落成员互帮互助，并在固定的办公地点（拥有基本的办公设备）一起工作。

游戏化管理的设计改变了原本员工的工作形式，具体改变如下。

（1）员工们有了新的角色：部落成员

在游戏化管理中，员工们的角色由原本单一的销售员变为了部落成员，且不同等级的销售人员对应不同的游戏角色，具体如下。

①原有办事处经理的角色改为部落首领，但在游戏化管理中，该首领角色并非组织任命，而是由部落成员每年以匿名投票的方式选举产生，票高者自动当选，公司不限制任何要求。

②部落成员依据销售等级（由低至高）化身为新人、青铜长老、白银长老、黄金长老以及白金长老；技术型销售依据技术等级（由低至高）变身为术士、法师以及大法师。

③公开每个销售等级和技术等级的职位标准。员工根据职位标准衡量自身后，如果认为自己具备了晋级资格，可随时向部落联盟总部（总经理、人力资源总监、销售总监以及副总监）提出晋级申报。在薪酬评分委员会（部落联盟总部成员和产品部负责人）建立的微信群中，员工将进行自我陈述、解释和说明，由委员会当场表决后便可得知自己是否晋级成功。

（2）透明的薪酬制度

全员公开新的薪酬框架，不同的销售等级享受不同的起始薪资，同时步科会根据消费指数的上涨，每年进行一定幅度的普调；此外，员工可根据技术等级以及所属区域（一线、二线、三线）享受额外的技术津贴和区域津贴。

部落首领享受额外的首领津贴，该津贴分为两部分。①固定津贴，1 000元；②浮动津贴，根据带领的团队成员人数，额外增加500元/人。

（3）设置部落奖金，以 K 币兑换

部落奖金采取积分制，积分又名 K 币。部落的年度任务是最大限度地赚取 K 币，以便年底时依据 K 币数量换取对应的奖金。

根据 K 币的数量不同可兑换不同价值的币种，由低至高分别是：铁币（≤79 枚）、铜币（80～99 枚）、银币（100～119 枚）、金币（120～149 枚）以及白金币（≥150 枚）。不同币种对应的奖金如下所示。

铁币：不值钱，不接受兑换。

铜币：该部落全年销售额目标的万分之二。

银币：该部落全年销售额目标的万分之四。

金币：该部落全年销售额目标的万分之五。

白金币：该部落全年销售额目标的万分之七。

K 币由公司统一发行，并经由以下四种方式赠予部落。

①销售额绩效：根据部落的年销售额目标，每完成 1% 送一枚 K 币。

②消灭大 BOSS：销售总监握有 50 枚 K 币，可赠送给获得大客户（月均 10 万元以上的新客户）的部落。（单次不超过 10 枚）

③产品推广：每个产品部门握有 50 枚 K 币，年初时会发布一些产品推广的任务，部落每完成相应的任务就会获得相应的 K 币奖励，以此鼓励部落对特定产品的积极推广。

④部落互动：每个首领握有相当于本部落人数的 K 币，用于感谢其他部落的跨区服务。

（4）部落绩效：按 K 币排名

部落根据获得的 K 币数量进行部落英雄榜的排名，并每周予以更新；每年年底，部落获得最终的年度排名，并根据年终兑换的最终币种获得相应称号，例如获得铜币的部落会被授予铜杯的称号，成为铜杯部落。

步科这种游戏化管理方式受到员工的青睐，尤其是新生代员工，在这样的游戏化管理方式下，他们觉得更加公平、公开，自己的发展空间也更广。

2.1.4　员工成长体系中的游戏化运用

员工的成长体系指企业对员工的成长规划，以销售行业为例，销售人员的成长规划通常是初级销售→中级销售→高级销售→销售经理→销售主管。

一个清晰的员工成长规划能够让员工找到自己努力和奋斗的方向，但是传统的员工成长体系设计过于单一、枯燥，此时可以融入游戏化管理思维，丰富员工的成长体系，更具趣味性，对员工也更具吸引力。

案例实操 腾讯员工的"升级打怪"之路

腾讯非常注重员工个人能力成长，为了实现留住人才的目标，腾讯投入了大量的人力和资源，设计出了一套游戏化的员工成长体系。

腾讯将员工的职务进行了细致的划分，分成了八十多个专业通道，以便适合各种类型的人才。八十多个专业通道大致上可以分为四种类型，具体如下所示。

T通道：技术通道，包括研发、视觉设计、交互、运维等子通道。

P通道：产品／项目通道，包括策划、运营、项目管理等子通道。

M通道：市场通道，包括市场、战略、网站编辑、商务拓展等子通道。

S通道：专业通道（职能通道），这是最复杂的一个通道，包括公司的行政、秘书、采购、法务、财务、会计、人力资源、公关等各个子通道。

不仅如此，每个通道内还有更细致地划分，每个通道内有"十八层地狱"，设有六个大级，分别称之为初做者（助理）、有经验者（普通）、高级（骨干）、专家、资深专家、权威；每个大级又分为三个小级，称之为基础、普通、职业。根据这种分类就能给予每个员工一个标签。

除了明确的升级之路外，员工还要"打怪"才能升级。员工需要向公司提交晋级申请，每半年可以提交一次。申请被受理之后，每个通道会成立一个由最专业、最权威专家组成的"通道委员会"，对申请进行评审。评审一旦被通过，接下来就要进入答辩阶段，也就是真正的"打怪"环节。这个阶段会设置三名答辩专家作为"怪物"出现，只要"打败"他们就能晋级。

腾讯丰富多样的晋升渠道更能满足员工的发展需求，也让员工的工作本身变得更有趣。员工目标明确，清晰地知道游戏规则，能得到及时的反馈，可以主动选择，自愿参与，更容易驱动其深层的内在动力。这样的员工成长体系为腾讯积累了大量的人才。

2.1.5　考核激励的游戏化管理

企业管理离不开员工的考核激励，但大部分的企业考核激励为"基数 × 达标的业绩量"，比较单一，且这样的激励模式难以提升员工的兴趣。如果企业为了提升员工的兴趣提高基数比例，就会大幅增加成本，给企业带来压力。

此时，可以引入游戏化的管理模式，增加激励的趣味性。游戏中的考核，会用视觉化和数据化显示出来，这种考核给玩家一种可控制感。

案例实操 盛大的经验值考核

盛大采取"经验值"的绩效考核指标。所有员工入职时，将根据其任职岗位，确定起始经验值，完成日常工作，就能获得依据每个岗位价值贡献所预设的"岗位经验值"，类似于游戏的日常"练级"提升经验值，从而获得晋升和加薪的机会。

经验值分为"岗位经验值"和"项目经验值"两个部分。岗位经验值就像是升级打怪，只要不犯错，经验值就会随着时间逐渐增长。但是如果工作未达标，则会被问责，经直接上级及经验值管理部两级审批后扣经验值，类似于游戏中任务失败。

而项目经验值就像是游戏中的"做任务""做副本"，以项目为单位拿到更多的经验值。员工在经验值的获取和积累上有较大的主动性，盛大有公开的项目招标体系，员工在日常任务之外，如果有能力和意愿再额外承担一些工作就可以获得额外的经验值。

盛大采取季度考核制度，每季度对员工经验值进行考核计算，只要经验值达到相应职级的标准，员工薪资和级别就会实现自动升级。

盛大公司在推行经验值管理模式以后，员工像游戏中的人物一样，通过"练级"提升经验值，级别到了自动获得晋升或加薪的机会。这种游戏式的激励管理让员工犹如打怪一样完成自己的工作，既降低了考核成本，又促进了员工的自我管理，大大提升了员工的工作积极性。

2.1.6 游戏式招聘更具吸引力

员工招聘也可以运用游戏化思维，打破传统的招聘模式。在招聘中引入游戏实际上也不是什么新鲜事了，许多国外的企业都有将游戏引入企业人才招聘中的做法，例如雅虎、强生等。

引入游戏之后，企业的人才招聘能够在众多的招聘企业中脱颖而出，更能吸引人才的注意，还能让未入职的员工感受到企业的文化氛围。企业的这一做法也得到了求职者的广泛关注和热捧。

案例实操 万豪国际酒店的游戏化招聘

万豪酒店是一家国际酒店，为了能够招募到更多的国际人才，万豪酒店在网上推出了一款"我的万豪酒店"小游戏。

这个游戏允许玩家在酒店中扮演经理的角色，但游戏一开始的场景是被限制在厨房中的，玩家可以使用预算来购买设备和配料，雇佣和培训员工。然后为客户提供各种各样的服务和食物，来赚取积分，解锁厨房限制，但是如果玩家提供的服务或食物不好也会遭遇扣分。

当玩家的积分达到一定条件后就可以解除厨房的限制，进入不同的场景中完成不同的岗位任务。玩家完成任务后可以获得积分并进入更难的任务或解锁酒店的其他职务，例如酒店的客房管理等。

图 2-1 为"我的万豪酒店"游戏界面。

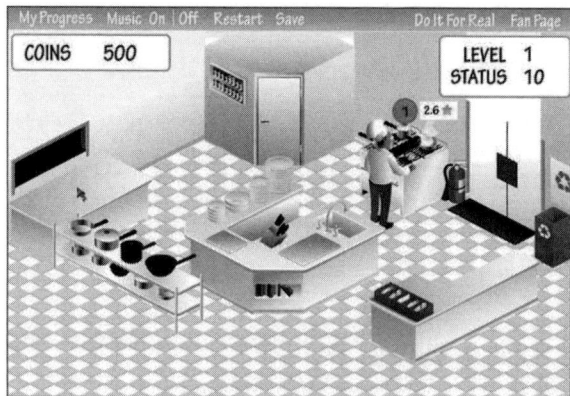

图 2-1　游戏界面

游戏界面的右上角有个"Do It For Real"按钮，玩家单击这个按钮即可跳转至万豪酒店的招聘页面，真正应聘这个职务。

万豪国际酒店运用游戏快速吸引人围观，并深度黏合玩家，成功地完成了招聘新员工的任务。

2.1.7　企业文化中的荣誉与传播

每个企业都有自己独特的企业文化，为了传播企业的文化，大部分企业每年都会对员工进行各类荣誉评比，一方面肯定员工的贡献，另一方面也对员工起到激励作用。

但是大部分的企业表彰员工时，都是优秀员工、业绩王、一等员工等，仪式完成之后便结束了，没有给员工留下深刻的印象。可以试着在其中添加游戏因素，使其更具风格，也更能对员工起到激励作用。

例如网龙企业在员工的星级结构中加入了勋章元素，比如忠诚勋章、贡献勋章、孔夫子勋章和文化勋章。

- ◆ **忠诚勋章**：根据员工在企业服务年限按 5 年、10 年、15 年分别授予不同颜色的勋章。
- ◆ **贡献勋章**：根据员工在年度绩效所获级别和年度评优获奖次数分别授予铜、银、金等勋章。
- ◆ **孔夫子勋章**：奖励员工兼任内部讲师，不同级别分别给予不同档次的勋章。
- ◆ **文化勋章**：根据员工每月星级的上浮程度授予铜质和银质勋章。

这样的荣誉效果相比之前的荣誉效果更明显，更容易传播。员工能在自己的邮箱和内部社区签名中，就把自己的荣誉 LOGO 嵌入在签名中，让收集勋章也成为一种乐趣。

2.2　用游戏的方式培训员工

我们知道企业的竞争本质实际是人才的竞争，而人才的竞争在于学习培训的竞争。因此，企业越来越重视对员工的培训，培训的形式也越来越多样化。其中，游戏化的培训方式也逐渐显现出其优势，也更容易被培训员工所接受。

2.2.1　什么是游戏化培训

游戏化培训指的是通过游戏化的方式进行培训学习，这是目前比较流行的一种教学理论和实践。如果游戏能够使人快速专注于某一件事情，那么将游戏与学习结合起来，也可以使得员工快速学习到知识。

游戏化培训相较于传统的培训方式有什么优势呢？

①游戏化培训相比传统培训更贴近实际的工作场景，更能够解决员工实际工作中可能会遇到的问题，提高员工在培训过程中的参与度，完成课程之后，学习转化的效果也更高。

②游戏化培训更能激起员工学习的兴趣，在传统培训中，通常培训是单人讲授为主，学员进入课堂往往觉得枯燥乏味。但游戏化的培训本身具有趣味性，能够快速引发学员的好奇心，促使其进一步学习。

③游戏化培训注重游戏玩家的互动性，人与人之间的互动，人与组织之间的互动，这些都能够加深学员在培训过程中的体验和学习，使培训效果更好。

游戏式培训分为两种类型，一种是基于游戏活动的学习，即将教学内容改编为一款游戏，既可以是桌面游戏，也可以是电子游戏。通过游戏让学员学习课程知识，这种培训方式对培训讲师要求很高。另一种是培训游戏化，指在非游戏的场景下应用游戏元素开展培训。

两种游戏式培训的区别在于，一种是在培训中添加游戏元素，是一个未成形的游戏；另一种则是一个完整的游戏，学员们作为玩家可以直接通过游戏完成培训。

2.2.2　有哪些常见的游戏活动

游戏活动就是在课堂中穿插进行的小游戏，常用于暖场破冰、调节气氛，这在游戏式培训中较常见。游戏活动利用了游戏的趣味性特点，在传统单向传授的课堂中加入双向互动的环节，不仅可以作为对抽象概念的补充体验，也可以用来调整课堂教学节奏。

此类游戏一般短小、简洁，几乎不需要其他复杂道具，可移植性很强，在培训过程中有非常重要的作用。常见的有下列一些游戏。

（1）"杀人"游戏

在新员工培训中经常会玩"杀人"游戏，以便快速打破僵局，让员工之间相互认识和了解，增强沟通培养默契。

①游戏人数及角色安排。

设杀手、警察、狙击、医生、平民、侦探。

总人数16人，分属杀手方(4人)和好人方(12人)两个阵营。

杀手3人，属杀手方，每个权力轮可共同决定杀一个人，此人未被救治则出局。隐藏自己和迷惑好人，参与投票。

狙击1人，属杀手方，从第一个杀手出局开始，每个权力轮向法官提交一人，此人未被救治则出局。配合杀手行动，隐藏自己和迷惑好人，参与投票。狙击启动权利前被杀手杀到，狙击出局；狙击启动权利后被杀手杀到，或者杀手杀到狙击，狙击自动和杀手合并，不再单独行使杀人权力。

警察两人，属好人方，每个权力轮中可共同决定检验一个人的身份，法官回答杀手方或好人方。其他权力与平民相同，警察检验到侦探，或侦探检验到任何一个警察，则侦探自动和警察合并，不再单独行使验人权力。

医生1人，属好人方，在权力轮中可以向法官提交救治一个人，被救之人如果当轮被杀则不死，隔轮无效。

平民8人，属好人方，拥有投票的权利，负责找出杀手。

②游戏流程。

发牌确认身份→特殊权利行使→讨论→投票→特殊权利行使。依次循环，一直到满足一方胜利的条件。

③游戏结束条件。

杀手方胜利的条件：

a.警察、侦探、医生全部出局。

b.游戏进行至剩余3人，仍有杀手方角色存活于游戏中。

好人方胜利的条件：

杀手和狙击全部出局。

④投票。

采用记名投票，得到简单多数票者由法官宣布死亡。在每个投票轮的指定时间中，在专门的投票帖投票；允许无限次改票，但必须重新发帖。

平票处理：同一轮投票过程中出现两人以上平票的，由法官通过公开抽签确定。抽签过程必须在投票帖中进行。

在游戏当中可以了解大家的个性和风格，可以分辨出大家的逻辑性如何。不过每次玩游戏的时候需要有一定的时间来控制游戏，适合在比较轻松自在的闲暇时间进行。

（2）大树与松鼠

考察学员们的应变和反应能力，提升团队凝聚力。

①事先分组，三人一组。两人扮大树,面对对方,伸出双手搭成一个圆圈；一人扮松鼠，并站在圆圈中间；培训师或其他未成对的学员担任临时人员。

②培训师喊"松鼠"，大树不动，扮演"松鼠"的人就必须离开原来

的大树，重新选择其他的大树；培训师或临时人员就临时扮演松鼠并插到大树当中，落单的人应表演节目。

③培训师喊"大树"，松鼠不动，扮演"大树"的人就必须离开原先的同伴重新组合成一对大树，并圈住松鼠，培训师或临时人员应临时扮演大树，落单的人应表演节目。

④培训师喊"地震"，扮演大树和松鼠的人全部打散并重新组合，扮演大树的人也可扮演松鼠，松鼠也可扮演大树，培训师或其他未成对的人亦插入队伍当中，落单的人表演节目。

（3）传递游戏

传递游戏每组8个人，目的在于考察学员们的反应力。

①游戏道具：小纸条。

②游戏准备：组织者事先准备好几个小纸条，每个纸条上写一句三个字的话，如"熊来了""我爱你""天黑了"等。

③游戏规则：每个组出8个人，横列站成一排，以"熊来了"为例，第一个人对第二个人说："熊来了。"第二个人反问第一个人："是吗？"第一个人再次对第二个人说："熊来了。"第二个人又一次听到的时候，就传递给第三个人，依此类推。规则为，每个人第一次听到传递的话语时要反问告诉自己的人"是吗"，当第二次听到的时候就传递下去。如果中间出错，就要从头再来。以最后一个人大声喊出来为准，看哪一组用的时间最短。

（4）泡泡糖

泡泡糖每组3～5人，游戏目的在于增进员工之间的亲密感。游戏内容如下。

①每组出3～5个人，保持总数为单数，设置1个自由人。围成一个圈，

绕圈行走。主持人喊："泡泡糖"，参加者齐声问："粘哪里？"主持人可回答一些身体部位，例如"粘膝盖""粘脚跟"……，每个人迅速找到搭档，把这个部位粘在一起，落单的人则被淘汰。

②自由人依现场情况自由参加，始终保持现场人数为单数。主持人可说一些难度较大的部位，烘托现场气氛。

（5）猜人名游戏

训练一线管理人员或参加培训的销售人员熟练使用封闭式问题的能力，利用所获取的信息缩小范围，从而达到最终目的。该训练让学员在寻求YES答案的过程，练习如何组织问题及分析所得到的信息。游戏内容如下。

①游戏道具：准备4顶写有名人名字的高帽。

②所有人分成4个小组。

③在教室前面摆4把椅子。

④每组选1名代表为名人坐在椅子上，面对小组的队员们。

⑤培训师给坐在椅子上的每1位名人带上写有名人名字的高帽。

⑥每组的组员除了坐在椅子上的自己不知道自己是什么名人，其他人员都知道，但谁都不能直接说出来。

⑦现在开始猜，从1号开始，他必须要问封闭式的问题如"我是……吗？"如果小组成员回答YES，他还可以问第二个问题。如果小组成员回答NO，他就失去机会，轮到2号发问，如此类推。

⑧谁先猜出自己是谁者为胜，培训师应准备一些小礼物奖励赢队。

2.2.3 拓展训练式的培训形式

拓展训练最初指在大自然中进行的一种野外生存训练，但是随着多年的发展，已经逐渐形成了基于游戏项目组合的培训形式。

近年来，拓展培训在公司培训课程中兴起。拓展培训通过利用山川河流等自然环境，通过精心设计的活动提升受训者快乐能量，学习职场要素，达到磨炼意志、陶冶情操、完善人格、熔炼团队的目的。

拓展训练式培训是一种全新的游戏类体验式训练方式，其标准的教学模式是"游戏体验＋点评总结"，最终指导学员实际生产工作的应用，它比较适合长期处于办公室缺乏运动的员工。

拓展训练中的游戏项目经过了精心设计，但基本都是"团队目标＋成员协作"的模式。游戏具有挑战性，让学员通过自身和团队成员的共同努力，达成具有挑战性的目标，从而获得成就感和荣誉感。同时通过游戏创造出的交流环境，能反映出学员的行为风格，可以有效促进学员之间社交关系的融洽。

案例实操 员工拓展训练活动设计

- 第一天

09:00 ～ 09:30 开营仪式：领导致辞、教官宣布活动要求，进行学员宣誓及授旗仪式。

09:30 ～ 11:30 军事训练：进行立正、稍息、跨立、停止间转法、齐步走等队列动作的训练，强化全体参训人员良好的组织纪律性和团队意识，增强团队协作能力和执行力，做到令行禁止，为两天的拓展打下良好的基础。

11:30 ～ 12:00 组建团队：选用目标击掌、人山人海两个科目进行团队组建的准备活动，挑选属于自己的队长，创建属于自己的队名、队歌和口号，进行团队口号大比拼展示活动。

12:00 ～ 14:00 午间加油站（到酒店办理入住手续）。

14:00 ～ 16:00 强渡亚马孙河：所有队员需在规定的时间内，利用现场仅有的每人一块小木板，充分利用资源和大家的智慧，强渡虚拟的亚马孙河，极大地考验团队的统一指挥及协同作战能力。

16:00 ~ 17:30 闯关酷地带：此项目是基地难度最高、挑战性最强的项目之一，共由 10 关组成。让队员在挑战自我、超越自我的过程中体验闯关成功的喜悦。

19:00 ~ 21:30 烧烤、篝火晚会（节目、歌碟自备），一天活动总结、分享。

• **第二天**

08:00 ~ 09:00 酒店喝早茶。

09:30 ~ 10:00 进入基地、进行团队热身活动。

10:00 ~ 10:30 军事障碍：此项目由 6 根横码、软梯、高空平网、高空竖网等部件组合而成。需要极佳的团队协作精神，要求全体参训人员必须互相支持、相互配合、相互帮助及互相鼓励，勇往直前才能出色完成此项目。

10:30 ~ 11:30 盲人方阵：整个团队队员在被蒙住双眼的前提下将 1 ~ 2 条绳子摆成一个最大的正方形，团队成员均匀分布在正方形的周围。充分体现团队队员之间的默契，学会用心沟通，最终找到解决问题的方法。把复杂的东西简单化，把简单的东西量化，用流程来推动执行者的工作，让执行者通过该流程就知道自己该做些什么，应该怎么做，而不是事事靠领导来推动。

12:00 ~ 13:30 午间加油站（可参观游玩杨四将军庙）。

14:00 ~ 14:30 生死半小时：时间紧迫、形势危急，团队接受了一项高难度的紧急援救任务。通过活动，让队员亲身感受到沟通对一个团队的必要性。同时，也感受到队员相互配合、协作对完成共同任务的重要性。

14:30 ~ 16:00 穿越电网：一个团队站在一个蜘蛛网绳的一面，通过数量有限、大小不一的网口，在不能触网的规则下，通过网口将团队所有人员输送到网的另一面。充分体现团队的领导力，沟通协调能力，工作的计划与严谨性，时间与效率的控制，资源的有效利用，以及具备在规定时间内调动各种资源解决问题的能力。

16:30 ~ 17:00 结营仪式：两天活动的回顾，总结与分享，合影留念。

以上活动行程，由教练根据当天天气及团队的状况灵活调整，以便达到更佳的培训效果。

根据上述拓展活动，我们可以看到，拓展训练有别于其他的游戏式培训，它的运动量更大，对学员们的要求更高。具体来看，拓展训练的项目还有以下一些特点。

①拓展训练中的项目具有综合活动性，训练中的所有项目都以体能活动作为引导，要求员工全身心投入，训练更专注。

②拓展训练中的项目具有一定的挑战性，具有一定的难度，有的甚至需要学员们在心理上、体力上挑战自己，才能获得成功。

③拓展训练中的许多项目都强调集体合作，要求团队充满凝聚力，才能克服困难，获得荣誉。这能促进员工之间的交流，改善人际关系，使员工们更融洽地相处。

④项目完成后，学员们能够体会到发自内心的胜利感和自豪感，有利于提升自信心。

2.2.4 沙盘模拟，一种角色扮演式的培训

沙盘是一种按照实际生产环境进行模拟推演的学习技术，沙盘一般主要应用于企业的经营管理领域。同拓展训练类似，都属于体验式学习。通过对实际经营环境和具体业务问题的模型抽象，进行游戏的设计，再让学员在模拟环境中实践知识理论。

模拟沙盘教具主要包括：6 张沙盘盘面，代表 6 个相互竞争的模拟企业。

模拟沙盘按照制造企业的职能部门划分了职能中心，包括营销与规划中心、生产中心、物流中心和财务中心，各职能中心涵盖了企业运营的所有关键环节，如图2-2所示。

图2-2 沙盘盘面

在培训过程中，培训师和学员扮演不同的角色，确定每个角色的岗位责任，一般分为首席执行官（CEO）、营销总监、运营总监、采购总监和财务总监等主要角色。当人数较多时，还可以适当增加商业间谍、财务助理等辅助角色。随后可以进行角色互换，体验角色转换后考虑问题的出发点的相应变化。

沙盘模拟是一种全新的体验式教学，借助沙盘模拟，可以强化学员的管理知识，训练管理技能，全面提高学员的综合素质。沙盘模拟教学融理论与实践于一体、集角色扮演与岗位体验于一身，可以使学员在参与、体验中完成从知识到技能的转化。

2.2.5 搭建拟真场景做仿真训练

仿真训练指的是在虚拟的环境中搭建出拟真的实际操作，使之与工作场地类似，使用工具、设备和技术与实际工作相似，并严格按照真实的情景来学习和训练如何处理工作中的实际问题。常运用于技术实操类场景的岗前培训，图2-3为某汽车驾驶的仿真培训。

图2-3 仿真驾驶培训

仿真训练通过在沉浸式的拟真环境中学习和反馈，对学员的不当操作进行即时响应，教练给予直接的指导，让学员进行刻意练习，它能有效提高技能熟练度，提升各种应急突发状况的应对能力。

但需要注意的是，仿真模拟作为游戏工具，仍然只是真实场景的抽象模拟，与实际仍存在一定差距，只能作为一个技能入门工具。

2.2.6 融入游戏元素后的学习平台

利用学习平台学习是许多企业较常运用的一种培训方式，但传统的学习平台通常只有学习课程、分数和课后训练等，学员们训练积极性较低。融入游戏元素后的学习平台，增加了人与人之间的互动，丰富了学习的内容，提高了训练积极性。

学习平台中的游戏元素主要包括以下几个方面。

◆ **成就系统**：增加了成就系统，不同的学习结果针对不同的成就，提高了培训成就感。图 2-4 中的不同成就对应知识白丁、知识童生和知识秀才称号。

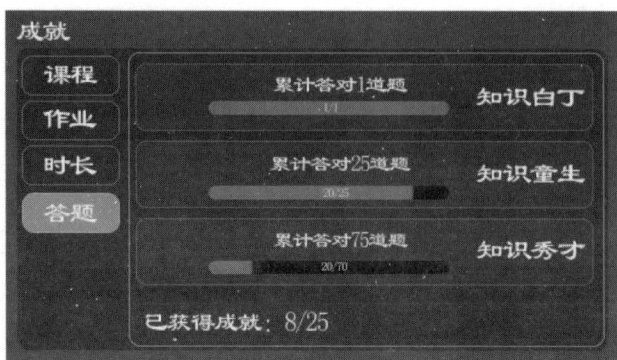

图 2-4　成就感元素

◆ **任务系统**：增加了任务系统，将原本单调乏味的学习课程改成了一个个具有挑战性的任务，激发了学员挑战的兴趣。每一次任务挑战成功可获得不同的奖励，提高了学员的兴趣，如图 2-5 所示。

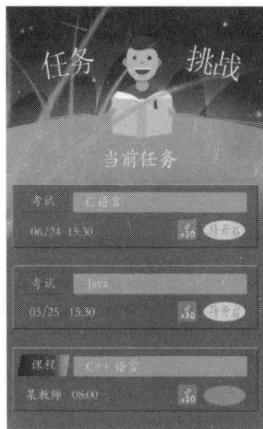

图 2-5　任务系统

◆ **排名系统**：增加排名系统，一方面可以了解他人的学习状况，另一方面可以了解自己所处的位置，激起自己的学习动力，如图 2-6 所示。

图 2-6　排名系统

◆ **竞赛系统**：增加竞赛系统让学员之间形成 PK，可以成功激发起学员们的胜利欲望，从而吸引学员们更积极地投入到学习中。竞赛有多种类型，例如排队赛、个人赛以及对战赛等。图 2-7 为学习平台中的竞赛系统。

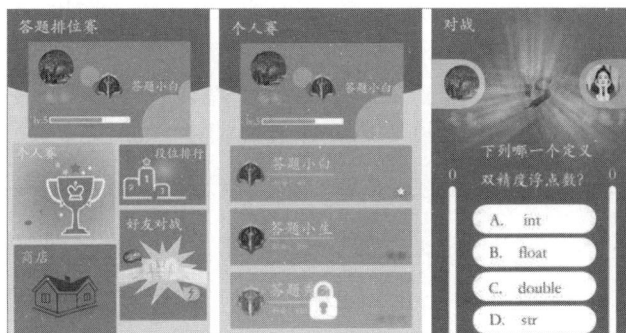

图 2-7　竞赛系统

融入了游戏元素的学习平台对学员在平台上的每个学习活动赋予直观的价值，再融入竞争、挑战等引导性机制，诱发学员内在动机，促进学员持续性地投入学习。

2.2.7 确定员工培训的项目内容

从上面的游戏式培训方法介绍我们可以看到，不同的培训方式能够产生不同的效果，起到不同的培训目的。因此，管理者在做游戏化培训时要注意根据培训的目标，有意识地选择和设置游戏项目，避免培训结果和培训目的背道而驰。

那么应该如何设计员工培训的项目内容呢？

（1）需求指引，制定培训的方向和内容

在设计员工培训内容时，需要站在受训员工的角度精准挖掘员工的培训需求。不同时期的员工对培训有不同的需求，新员工入职培训主要是了解工作内容，希望尽快融入团队；正式员工技能培训，则是为了提升专业能力。

针对这些培训需求，管理者需要设计相应的培训内容和主题。

（2）设计培训形式，丰富培训内容

确定了培训的目标和方向之后，就需要设计培训的形式，并丰富培训的内容，这里可以适当融入游戏元素。新生代员工培训需要更多的参与度，在培训的整个流程中，可以通过游戏化的教学手段增加培训趣味性和互动性，增强培训效果。

例如可以在整个培训过程中，设计小组计分规则。通过小组积分、团队 PK、游戏闯关等形式，并采用一定的正向结果激励方式，激发学员的学习兴趣和热情。

（3）添加细节内容，增强培训效果

首先，确定了培训的形式和内容之后，为了增强培训效果，还可以在细节上进行补充，例如培训场地的设计，包括培训场地的布置、桌椅的摆放、条幅等对培训效果和培训体验也有着很大的影响。在设计制作时应该与培训内容相符合，这样更能对员工起到引导作用。

其次，在培训过程中可以尽可能增加培训答疑和互动环节，员工在培训时间内不一定完全理解课程内容，所以需要增加答疑和互动环节。在培训环节设计时，需要注意留出足够的时间，可以在每堂课程结束后留出讲师与学员互动答疑的时间。

2.2.8　游戏式培训回顾，总结游戏式培训的特点

培训完成之后，还应该对此次培训内容、培训结果以及培训效果做一个总结回顾，看看游戏到底给培训带来了怎样的变化，具体来看主要有以下五点。

◆　让学员成为课堂的主体，而非培训师

传统培训与游戏培训的最大区别在于课堂主体。传统培训中通常以培训师为主，以单方面的讲授作为培训方式，方法简单可操作性强，但在培训过程中往往忽略了学员的感受，培训效果不理想。

在游戏式培训中，学员玩家才是主体，游戏的节奏由玩家自己掌控，游戏设计师只需要搭建游戏边界和框架，然后就把主导权交给玩家了。让玩家在既定的范围内做出选择，获得反馈，领悟道理，充分发挥出自我效能感，这样的培训效果更好。

◆　注重玩家的体验

游戏是以玩家的体验感受为主进行设计的，所以才能对玩家产生巨大的吸引力，引起玩家的兴趣，主动地投入到游戏中，参与培训。在内容设计上，多以挑战、闯关等形式出现，能激起玩家的征服欲和挑战欲，这些都是玩家培训的动力。

◆ 更用心的课程内容设计

游戏式培训中培训师对课程的内容设计更投入，要求培训师像游戏设计师一样，去设身处地地思考学员在每一个教学环节中的情感变化，是否在某个知识点上难以理解，或者在某个时刻觉得太过简单。

传统的培训却很少有如此用心的设计，培训师很多时候只能从课后的培训评估中得到学员对自己课程的反馈。

◆ 满足了玩家的荣誉心理

游戏化培训中或多或少地增加了荣誉系统，例如竞赛 PK，荣誉勋章以及排名榜等，满足了玩家的荣誉心理，期望获得更大的成就，得到更高的荣誉，从而继续投入游戏中。

◆ 培训的核心仍然是内容

游戏化培训只是丰富了培训的形式，提高了学员们参与培训的积极性，但需要注意的是，培训的核心还是内容，即教程。如果教程内容过时糟糕，那么即便是游戏化也拯救不了，自然也不会产生良好的培训效果。因此，企业和培训讲师应该花费大量的时间在教程内容的制作上，保证课程内容与实际工作相对应。

第3章

规范工作
体系健全是做好管理的前提

　　管理公司离不开制度的建立，只有完整健全的规范制度才能约束员工的行为，避免懒散的工作态度和各类违纪事项的发生，这也是公司良好管理的前提。

3.1 员工个人行为规范的统一

在许多服务类企业中，对员工的个人行为规范要求比较严格，因为员工的个人行为代表了企业的形象，如果不加以严格约束管理很可能会给企业带来负面影响。

3.1.1 员工行为规范的设计原则

员工行为规范指企业员工应该具有的共同的行为特点和工作准则。它带有明显的导向性和约束性，通过倡导和推行，在员工中形成自觉意识，起到规范员工言行举止和工作习惯的效果。

在设计制作员工行为规范制度时要遵循以下基本原则。

◆ **一致性原则**：一致性原则要求员工行为规范的内容应该与企业的文化和理念保持一致，应该与企业的其他制度保持一致，这样的规范要求更容易被员工认同，也更有利于企业文化的形成。

◆ **实用性原则**：员工的行为规范要遵循实用性原则，从员工日常行为出发，针对员工的实际行为做出明确的规范，对正确的良好的行为加以强化，对不良的行为产生约束，使员工行为能达到企业预期的引导效果。

◆ **合法性原则**：员工行为规范的内容应遵循国家的相关法律法规和社会公德，不能对员工提出不合理要求。

◆ **统一性原则**：员工行为规范应遵循统一性原则，即公司内的所有员工都应统一执行，不能差别对待。不管是领导，还是员工，或是基层员工，都应该遵守。

◆ **可操作性原则**：员工行为规范的制定应遵循可操作性原则，即内容应具体详细，避免空洞、宽泛的口号，不具操作性的口号不仅无法遵守，还会影响规范的严肃性。

◆ **简洁性原则**：员工行为规范应注重简洁性，尽管对员工行为习惯的要求很多，可以列入规范的内容也很多，但每一个企业在制定员工行为规范时不应面面俱到，而要选择最主要、最有针对性的内容，做到整个规范特点鲜明、文字简洁，便于员工学习、理解和对照执行。

原则是员工行为规范制定的前提，管理人员在制定之前必须要了解相关的原则，才能避免在实际的制定过程中出现纰漏，影响制度的效果。

3.1.2　员工行为规范的内容

不同的企业对员工的行为规范要求程度不同，有的企业对员工基本的上下班行为有所要求，而有的企业会延伸到员工的着装，或者是员工的行为或说话等。

（1）仪容仪表

仪容仪表指的是员工上班时的个人形象要求，它具体可分为服装、发型、化妆、配件等几个方面。有的企业对这些并不在意，有的企业却严格要求，主要有以下三个方面的原因。

①出于安全需要。根据法规政策要求对员工实行劳动保护，例如工厂等施工场地，需要员工穿戴一些具有保护措施的服装。

②出于卫生或质量的考虑。例如制药业、食品加工业、餐饮业等行业

为了保证药品、食品卫生，要求员工穿工作服、戴卫生口罩。

③出于企业形象需要，员工代表着企业形象，员工形象最容易感受到的就是员工的外在形象。例如航空公司的工作人员，身着统一的制服并统一发型。

（2）岗位纪律

岗位纪律几乎是所有企业都会制定的员工个人行为规范，是对员工在工作中的一些行为做出的要求，目的在于保证各个工作岗位能顺利运转，同时保证员工能够认真投入工作状态。岗位纪律的内容有很多，主要包括以下几个方面。

①员工上下班作息制度，即明确员工上下班时间，严禁员工出现迟到、早退现象，这是员工行为规范中的基本内容。

②员工的请销假制度，针对员工特殊情况不能够按时到岗时，员工需要做请假申请，假期结束后到岗需要做相应的销假处理。另外，根据员工的特殊情况请假分为病假、事假、法定假日以及旷工等。

③工作纪律要求，对员工上班过程中的状态做出明确的规定，例如不准吃零食，不准聊天，不能做与工作无关的事情。

（3）待人接物

待人接物的行为要求通常出现在服务行业中，规范员工的待人接物标准不仅能塑造企业的外在形象，也是员工高素质的表现。员工的待人接物规范内容比较多，包括礼貌用语、基本礼节、电话礼仪以及接待客人等。

◆ **基本礼节**：待人接物的基本礼节包括员工坐、立、行的个人姿态，以及员工说话时的表情管理、行为规范等。

◆ **礼貌用语**：礼貌用语是员工待人接物的基础要求，在一个文明的企业里，"您""请""谢谢""对不起""没关系"等应该成为员工习惯用语，而脏话、粗话应当被禁止使用。

◆ **电话礼仪**：电话作为一个重要的沟通渠道，它也是体现员工素质和企业形象的重要途径。因此，很多企业对员工的接听／拨打电话行为规范做出了明确的要求，避免给客户留下恶劣的印象。

◆ **接待客人**：对于来访的客人，员工应该热情、礼貌、周到，同时根据实际情况，许多企业还会做出一些具体的要求。

（4）工作程序

工作程序是对员工与他人协调工作的程序性的行为进行规定，包括与上级、同事和下属的协同和配合的具体要求。工作程序把一个个独立的工作岗位进行关系整合，使企业成为和谐团结的统一体，保证企业内部高效有序地运转。

除了上述的内容之外，一些特殊的企业还会根据岗位内容的需要增加一些其他的员工行为规范内容，例如保密制度等。同样地，以上内容在实际的员工行为规范制度中，根据企业岗位的具体情况可能会部分出现，并不一定全部包括，管理者需要灵活运用。

案例实操 员工行为规范制度设计

图 3-1 为某股份有限公司员工行为规范制度内容。

××股份有限公司员工行为规范

一、目的

为进一步规范员工的行为，体现员工积极向上的精神面貌、良好的工作仪表与风度，特制定本行为规范。

二、适用范围

本规范适用于公司所有员工。

三、总则

（一）爱祖国，爱人民，爱公司。

（二）遵守国家法律法规，不得在任何场合有任何有辱民族自尊的言行。

（三）在公司内外要注意维护公司形象。

四、工作场所行为规范

（一）工作时间内

1.工作前

1.1 严格遵守工作时间，因故需请假的，必须提前通知，并做好相关工作的交接；如确因意外不能提前通知的，必须立即用电话通知直接上级。

1.2 员工在上班时间到达工作岗位后，要做好开始工作的准备。

2.工作中

2.1 员工在工作中不得随意离开自己的工作岗位，并且不得从事与本职工作无关的私人事务。

2.2 员工在工作中需离开自己的座位时，要整理桌子，椅子半位，切忌主人未返离席。

2.3 逢董事长例间离开工作岗位时，应将先将可能的来访电话和客户委托给直接上级或同事，离开座位时，椅子全部推入，以免主人外出。

2.4 员工在工作场所打电话时应避免使用免提键。

2.5 员工工作时间内应避免接听私人电话，因故需要接听私人电话的，接听时间不得超过3分钟。

2.6 员工不能使用公司的电话机接打和接听私人电话，严禁拨打与工作无关的声讯电话。

2.7 员工在办公室区域内保持安静，不得在走廊内或办公室内大声喧哗、闲聊或吵闹。

3.办公用品和文件的保管

3.1 办公用品须实施定位管理，使用后马上归还到指定场所。

3.2 办公用品和文件不得带回家，需要带走时必须得到许可。

3.3 重要的记录、证据等文件必须保存到规定的期限。

3.4 文件保管不能个人随意处理，或者避免上架、书柜中。

3.5 处理完的文件，根据公司指定的文件号随时归档。

3.6 不能使用公司的设备办私事等。

4.下班时

4.1 下班时，应整理文件、文具、用纸等，保持办公桌面干净、无用品摆放，椅子归位。

4.2 最后离开办公室的人应检查电脑、空调是否关闭，不得留有安全隐患。

（二）工作程序

1.接受工作安排时，要深刻领会意图，在听取上级指导时，虚心听别人说话，作好记录，有疑点必须提问。

2.执行工作时，做到有计划、有步骤、迅速踏实地完成各项工作任务。

3.每项工作到期不能完成时，要马上将工作经过和结果向上级报告，说明原因、请求指示，避免造成工作被动。

4.工作结束后，要马上将工作结果报告，并根据事实发表自己的意见。

5.工作效果不好或工作失误的时候要虚心接受意见和批评，研究失败的原因并找出对策。对工作中的失误应当认真总结，不要逃避责任。

（三）因公外出

1.因公外出按规定逐级办理出差手续，无特殊原因不可以电话、口头的方式替书面手续。

2.因公外出时需向同事或者工交待工作事宜，保证工作无缝相接。

3.因公在外期间应保护与公司的联系。

4.外出归来应及时向上级汇报外出工作情况。

五、形象规范

（一）着装

1.员工周一至周四必须穿公司统一发放的工装，暂未发放工装的员工应自行购置同工装相近的服装，具体要求为男士白衬衣（冬季长袖、夏季短袖）、深蓝色或黑色西裤，西裤；女士白衬衣（冬季长袖、夏季短袖）、深蓝色或黑色套裙、套装。

2.办公室区域内周一至周四穿男士穿黑色皮鞋，深色袜子；女士穿浅色丝袜，职业皮鞋或凉鞋，不得穿布鞋、拖鞋。

3.员工周五及休息日可自行选择着装，但男士不得穿背心、短裤；女士不得穿无袖（上衣、超短裙（裙下边距膝盖超过10cm）、吊带衫、露背装、露脐装、低领衫。

4.所有员工不穿拖鞋（无后带）、不得穿脏鞋服，服装应穿戴整洁、整洁、完好、协调、无污渍，扣子齐全，无褶皱、拖鞋。

5.男女正装男时，应打好领带，扣好领扣，并注意衬衣下摆束入裤里，袖口扣好，内衣不外露。

6.员工进入生产车间等工作场所时，保安及其它外协人员必须按照规定着装；如有挂牌，应将厂牌挂于胸前，或将厂牌放于上衣口袋中，不得随意将厂牌挂于办公桌或公共场所。

（二）仪容

1.男士头发不宜过长，要求头发长不覆鬓、侧不掩耳、后不触领，男士不得留胡须，头士头发不宜过短，应保持头发的清洁、整齐。

2.女员工在办公室区域内淡妆上岗，修饰文雅，且与年龄、身份相符，不得浓妆艳抹，不得涂艳色指甲或留过长指甲，不得染彩发。

3.女士如刚进入生产车间时，不得化妆，不得佩戴戒指、手链等物饰；且必须将头发盘起固定，头发不得露在工作帽之外。

4.女士在办公室区域不宜佩戴过多或夸张的首饰，应以简洁、高雅为标准。

5.员工应保持口腔清洁，工作前忌食葱、蒜等具有刺激性气味的食品。

（三）行为举止

1.精神饱满，注意力集中，无疲劳状或无精打采。

2.保持微笑，目光平和，不掩脸右看，心不在焉。

3.坐姿良好，上身自然挺直，两脚平稳放松，后背与椅背保持一定间隔，不用手托腮，不翘二郎腿，不抖动腿，椅子过低时，女员工双膝并拢侧向一边。

4.避免在他人面前吃喝、伸懒腰、打喷嚏、报鼻孔、挖耳朵等，实在难以控制时，应侧面回避。

5.不能在他人面前双手抱胸，是量减少不必要的手动作。

6.站姿端正，抬头、昂胸、收腹，双手下垂置于大腿外侧或双手交叉自然下垂；双脚并拢，脚跟相靠，脚尖自然分开。

六、语言规范

1.提倡讲普通话。

2.讲话时，语音清晰，语气诚恳、语速适中、语调平和、语言简明扼要。

3.与他人交谈，要专心致志，面带微笑，不能心不在焉，反应冷漠。

4.不要随意打断别人的话；适时的搭话、确认和领会对方话语内容、目的。

5.用谦逊态度倾听。

6.严禁说脏话、忌语。

7.使用"您好""谢谢""对不起""不客气""再见"等文明用语。

七、社交规范

（一）接待来访

1.接待来访热情周到，做到来有迎声，去有送声，有问必答，百问不厌。

2.迎送来访，主动问好或说寒暄，如设置有专门接待地点的，接待来宾需步要随三步、送三步。

3.接待来访电话接待时，不论办理的事情是否对口，均要做到"不知道""不清楚"。要认真倾听，热心引导，快速衔接，并为来访者提供准确的联系人、联系电话。

（二）访问他人

1.要事先预约，一般用电话预约。

2.遵守访问时间，预约的时间不超过5分钟前到。

3.如遇放故到时，提前用电话与对方联络，并致歉。

4.访问领导，进入会室要脱帽，得到允许方可入内。

5.用电话访问，铃声响三次未接，过一段时间再打。

（三）电话

1.接电话时，要先说"您好"。

2.使用电话简洁明了。

3.不用公司电话聊天。

4.使用他人办公室的电话要征得同意。

（四）交换名片

1.名片代表本人，应用双手递、接名片。

2.看名片时要确定姓名及姓名的正确读法。

3.接名片后，不要拿着名片在手上玩要或倒放；拿着名片的手不要放在腰以下。

（五）商业秘密

1.员工有履行保守公司商业秘密的义务。

2.不与家人及工作无关的人谈论公司商业秘密。

3.使用资料、文件，必须爱惜，严禁涂改，注意整理，注意安全和保密。

4.不得擅自复印、抄录、转借公司资料、文件，如确属工作需要换录和复制时，凡属保密级文件，需经公司领导批准。

八、会议规范

（一）事先阅读会议通知。

（二）按会议通知要求，在会议开始前5分钟进场。

（三）事先阅读会议材料并做好准备，针对会议议题和你工作发表自己的意见。

（四）开会期间将手机或手机处于静音，不会客、不从事与会无关的活动，如剪指甲、交头接耳等。

（五）遵从会议主持人的指示，如需发言，必须得到主持人的许可后方可进行。

（六）发言简明扼要，条理清晰；认真听别人的发言并作记录；不要随意打断他人的发言。

（七）会议不要提前离解。

（八）会议完后向上级报告，并接受业向下传达。

（九）会议结束后保存好会议资料并入档。

九、安全卫生环境

（一）在所有工作岗位上要营造安全的环境。

（二）工作时既要注意自身安全，又要保护同伴的安全。

（三）掌握安全知识以及发生事故和意外时的应急处理能力。

（四）爱护公司公物，注重所用设备、设施的定期维修保养，节约用水、用电、易耗品。

（五）员工有维护良好工作环境和他人不文明行为的义务。

（六）养成良好的卫生习惯，不随地吐痰，不乱丢果皮、纸屑、杂物，不流动吸烟，禁烟区内严禁吸烟。

十、人际关系

（一）上下关系。尊重上级，不搞个人崇拜；正视下级的意见和看法，积极沟通，营造相互信赖的工作气氛。

（二）同事关系。不应以一己之见对待同事，应以博大宽容的胸怀与同事相处，营造"同欢乐，共追求"的工作氛围。

（三）尊重他人。肯定、赞扬他人的长处和业绩，对他人短处和不足持忠告、鼓励，营造明快和睦的气氛。

（四）相互包容。在意见和观点同他人不一致时，应相互理解，寻找能够共同合作的方案。

（五）禁止派别，不允许在工作岗位上以地缘、血缘等组成派别。

十一、附则

（一）本规范属于企业文化建设的整体范畴，日常管理、监督、实施、解释归公司行政部。

（二）凡违反上述情况之一，将根据《员工奖惩条例》给予处罚。

（三）本规范自公布之日起实施。

图3-1 某股份有限公司员工行为规范

案例中的员工行为规范制度内容比较完整、全面，包括工作场所行为规范、员工形象规范、员工语言规范、员工社交规范、会议规范以及安全卫生环境规范。条理清晰，内容全面，具有重要参考价值。

3.2 管理好日常事务，维持公司运转

想要维持好公司的正常运转，离不开对员工的日常管理，主要是对员工工作状态的管理，以确保每位员工都能各司其职，恪尽职守。同时，对于一些出现特殊情况的员工也要提前做出惩罚约定，避免懒散怠工。

3.2.1 日常考勤是员工管理的基础

员工的考勤管理指的是企业对员工出勤状态进行考察管理的一种制度，包括员工是否存在迟到早退现象、有无旷工等。考勤管理是比较基础的员工管理，却也是管理者比较头疼的一个问题，尤其是新生代员工较多的企业。

新生代员工比较自由、随性，容易滋生懒散、懈怠的工作态度，一方面需要严格的规章制度来约束他们的行为，另一方面也需要针对他们的实际情况，做一些人性化的考量。因此，员工的日常考勤管理可以从以下几个方面入手。

（1）移动式的手机考勤更适合新生代员工

考勤首先是对考勤工具的选择，传统的考勤工具通常是指纹打卡机或纸卡打卡机，但是这类的考勤工具比较固定和呆板。企业可以针对新生代员工，选择自由性更高、更具特点的移动手机考勤。

移动手机考勤指的是通过手机下载考勤软件，手机就是考勤机，员工上下班、外勤、公出皆可通过手机进行签到、签退、假期申请。同时很多的考勤软件也支持指纹、刷脸等科技，使考勤变得更有趣。

（2）制定考勤规章制度

考勤管理制度是企业管理中的重要制度，也是保证企业正常运行、规范员工作息时间、严格办公纪律的基本条件。考勤管理需要在企业中制定公开、公正、合理的考勤管理制度，约束所有员工的行为，并对违反规章制度的行为做出实际惩罚约定，避免引起不必要的争议，如图 3-2 所示。

×× 公司员工考勤管理制度

一、总则

1. 目的：为明确出勤纪律，确保正常工作秩序，如实记录员工出勤情况，并为员工绩效评估提供依据，特制定本制度。

2. 适用范围：适用于企业内部所有员工。

3. 考核内容：员工考勤包括对员工上下班、休假情况等进行考核，休假类型包括事假、病假、工伤假、年假、婚假、产假以及丧假。

4. 工作时间

（1）公司统一制定作息时间，周一至周五每日工作八小时等，周六、周日正常休息。

夏季：8:00-12:00，14:00-18:00（5 月 1 日起执行）；冬季：8:30-12:00，13:30-18:00（10 月 1 日起执行）。

（2）根据特殊情况或工作实际需要，可能会对上下班时间做出适当调整，如有变动，以公司行政部发文通知为准。

（3）员工每日工作时间以 8 小时为原则，但因特殊情况工作未完成者，应自觉调整工作时间保证完成各项工作。

二、考勤管理

1. 考勤方法：为了准确记录员工的出勤情况，为公司的考勤提供依据，公司上下班需指纹识别打卡。

2. 考勤时间

夏季：上班打卡时间段 7:00-8:00，下班打卡时间 18:00-19:00。

冬季：上班打卡时间段 7:30-8:30，下班打卡时间 18:00-19:00。

（如遇特殊情况未按以上规定时间打卡，可按实际到岗时间补卡，后经两道批准申请补卡。）

3. 处罚标准

（1）上下班须本人自觉打卡，不得托他人代打，发现一次扣双方当事人 10 元。

（2）员工应自觉爱护考勤卡，要保持卡面清洁，如有损坏或丢失，及时到办公室办理补卡手续。

4. 迟到、旷工处罚

（1）迟到：按规定上班时间段进入工作岗位打卡视为迟到，视为旷工，按旷工半天计算，迟到一次罚款 10 元，当月超过 5 次者，扣每人当月 5%工资，迟到 10 次者，扣罚每人当月 10%工资。

（2）早退：按规定工作时间提前离开工作岗位的视为早退，最前 30 分钟（含 30 分钟）以上离岗的按旷工半天计算，早退一次罚款 10 元，当月计超过 5 次者，扣每人当月 5%工资，早退 10 次者，扣罚每人当月 10%工资。

（3）旷工：未事先办理请假手续而无事缺勤；或请假未经批准私自休假；或各种假期满不归，又无虚假手续假；或采取不正当手段涂改、编取、伪造休假证明者；或违纪、违规行为造成的早退；或未办完离职手续而提前离职者，视为旷工，旷工一天罚款 50 元，旷工一天以上，旷工三天内扣除一天固定工资，累计旷工二天者，罚款 200 元，并扣除两天固定工资；累计旷工三天（含三天）视为自动离职。

5. 奖励标准

为鼓励员工自觉遵守考勤制度，人事行政部将设立奖励制度，1 个月考勤无异常且规范打卡的员工奖励奖金 50 元，1 个季度考勤无异常规范打卡的员工另奖励奖金 200 元。

三、请休假管理安排

1. 请假包括：事假、病假、婚假、产假、丧假、工伤假等。

2. 请假安排

事假：员工因事需请假，应以不影响工作为前提，须提前向部门负责人申请，经批准后方可休假，确因特殊情况不能提前请假时，应电话联系有权限批准者申请，经同意后，方可休假。事后因故未补办请假手续。

病假：员工因病体缺，需持医院出具的诊断书（3 天以上）。因急诊不能按规定履行请假手续，应电话联系有权限批准者请假，并在 24 小时内将急诊证明补办请假手续。

婚假：对适婚员工婚期，假期时长按国家法定要求正常享受。

产假：怀孕女员工可享受带薪产假，假期时长按照国家法定要求正常享受。

工伤：凡在工作中因发生事故而遭受的伤害，经由所在部门写出报告并到医院治疗后方可确诊休假，工伤假期按照医生诊断正常休假。

丧假：员工直系亲属过世可休丧假，时长按实际情况而定，一般为 3-5 天。

3. 假期中的薪资安排

事假：员工请事假时，一天扣款 50 元。

病假：员工请病假时，一天扣款 30 元，如超出请假天数，且未办理续假手续视为旷工处罚，处罚标准按照旷工处罚。

婚假：经行政管理部见后确属工伤的，福利待遇按政府有关规定享受。

婚假：婚假需提前一周提出申请，可享受 3 天带薪婚假，一次连休、超出的假期按事假进行计算。

丧假：丧假可给予 3 个工作日丧假（不含旅途时间），丧假期间享受 100%基本工资，超出时间部分按照事假进行计算。

产假：怀孕女员工享有不少于 90 天的休产假，产假期间享受 100%基本工资，产假结束后，在其因一周岁内享有喃乳期，一日两次，上午各一，一次 1 小时。

4. 请假流程

员工即部门主管审批全部采用 OA 系统进行请假申请，按照审批流程审批批准后方可休假。

图 3-2 员工考勤管理制度

（3）特殊情况灵活处理，体现人情味

在考勤管理的过程中，针对一些特殊情况，依据规章制度做出灵活处理，体现出企业管理的人情味。例如员工上班途中遭遇车祸、交通管制、暴雨暴雪等不可抗力的因素时，管理者应从人性化的角度出发，给予妥善的处理。

（4）屡次违规的员工，重点管理

员工考勤管理中可能会遇到一两个经常迟到早退、屡教不改的员工。对于这类员工应该重点约谈，严肃管理，除了常规的惩罚措施之外，有必要进一步进行重点惩罚。如果对这类员工不做惩罚很可能会给其他员工造成不良示范，引起大面积员工违规现象的发生，严重时可能会影响企业的正常运转。

总的来说，员工考勤管理要以严格的制度作为考勤准则，再结合新颖的科技类考勤工具，做好考勤管理工作。此外，严格管理的同时要体现出企业的人性化管理，不要让员工感到委屈。

3.2.2 合理管理和控制员工加班情况

有的企业因为其行业性质的不同，可能会存在员工加班的情况，尤其在生产型企业中比较常见。对于这类企业管理者要严格做好员工的加班管理，合理控制好员工的加班秩序，避免出现员工疲劳操作的情况。

加班管理中薪酬和加班时间是重要的两大管理核心，管理者需要保证员工在体力充沛的情况下，自愿加班，否则企业可能涉及违法。国家相关法律对员工的加班情况做出了明文规定，管理者有必要了解相关知识。

《中华人民共和国劳动法》（以下简称《劳动法》）关于加班的相关条款内容如下：

第三十六条　国家实行劳动者每日工作时间不超过八小时、平均每周工作时间不超过四十四小时的工时制度。

第三十八条　用人单位应当保证劳动者每周至少休息一日。

第三十九条　企业因生产特点不能实行本法第三十六条、第三十八条规定的，经劳动行政部门批准，可以实行其他工作和休息办法。

第四十条　用人单位在下列节日期间应当依法安排劳动者休假：元旦、春节、国际劳动节、国庆节等法律、法规规定的其他休假节日。

第四十一条　用人单位由于生产经营需要，经与工会和劳动者协商后可以延长工作时间，一般每日不得超过一小时；因特殊原因需要延长工作时间的，在保障劳动者身体健康的条件下延长工作时间每日不得超过三小时，但是每月不得超过三十六小时。

第四十二条　有下列情形之一的，延长工作时间不受本法第四十一条的限制。

（一）发生自然灾害、事故或者因其他原因，威胁劳动者生命健康和财产安全，需要紧急处理的。

（二）生产设备、交通运输线路、公共设施发生故障，影响生产和公众利益，必须及时抢修的。

（三）法律、行政法规规定的其他情形。

第四十三条　用人单位不得违反本法规定延长劳动者的工作时间。

第四十四条　有下列情形之一的，用人单位应当按照下列标准支付高于劳动者正常工作时间工资的工资报酬。

（一）安排劳动者延长工作时间的，支付不低于工资的百分之一百五十的工资报酬。

（二）休息日安排劳动者工作又不能安排补休的，支付不低于工资的百分之二百的工资报酬。

（三）法定休假日安排劳动者工作的，支付不低于工资的百分之三百的工资报酬。

明确了相关法律法规之后就可以制定完整的加班制度了，加班制度可以对员工的加班情形做出规范化管理，还能够通过公开、公平的制度，避免员工与公司之间的矛盾。

图 3-3 为某公司的员工加班管理制度。

某公司员工加班管理制度

一、目的

1. 为规范公司员工加班的管理，提高工作效率，在正常的工作时间内努力完成工作任务。

2. 劳逸结合，保护员工身体健康。

3. 保证公司运营有序进行，根据《劳动法》《合同法》及相关法律法规，结合本公司实际情况，特制定本制度。

二、适用范围

1. 按提成人员或因工作需要需加班，适用本规定。

2. 按提成制结算的营销人员不适用本规定。

三、加班的分类和程序

1. 加班：指在规定工作时间外，因本身工作需要或主管指定事项，必须继续工作者，称为加班。加班分为两种，即计划加班和应急加班。因工作岗位不能新增，需周末或国家法定节假日继续工作，称为计划加班。正常工作日内因工作繁忙、临时性工作增加需要在规定时间外继续工作，或休息日突发事件需应急加班等。

2. 计划加班需员工填写《加班申请单》(附表一)，经部门主管同意签字后，还交人事部审核备案，由经理批准后方可加班。

3. 特殊原因（下班之后因紧急事件加班，或休息日突发事件加班的）可以事后填写《加班申请单》，并注明"补填"；非特殊原因一律不得事后补填，否则不认定为加班。

四、加班原则

1. 效率至上原则。

公司敦促员工在 8 小时工作时间内完成本职工作，不鼓励加班，原则上不安排加班，由于部门工作需要必须加班完成的工作，按照加班审批程序进行。员工有计划的组织安排各项工作，提高工时利用率，对加班要求从严控制、确保工作需要加班或值班，并予以批准。

2. 加班时间限制。

(1) 一般每一至两五工作日内，因工作需要每日加班不超过 4 小时的不算加班。

(2) 每月累计加班一般不应超过 36 小时，超过 36 小时按 36 小时计算。

3. 健康第一原则。

在安排加班时，必须结合加班人员身体状况，对加班频次、时间长短及正常上班时间的间隔做出合理安排，保证员工的身体健康。

4. 调休优先原则。

员工加班后，原则上优先安排调休，确因工作需要无法调休的，计算加班费。

五、加班认定

1. 只有具备下列条件之一时，才可组织员工加班。

(1) 在正常休息时间和节假日本工作不间断断，须连续作业的。

(2) 发生有可能造成较大负面影响，需要紧急处理的。

(3) 为完成公司下达的紧急任务的。

2. 公司所有员工按公司规定在国家法定节假日（元旦、春节、清明、五一、端午、中秋、国庆）继续工作均算加班。

3. 值班不属于加班，对被安排值班的员工，(值班是指公司为临时负责接听、协调、看门、防火、防盗或为处理突发事件、紧急公务安排等原因，安排有关人员在公休日、法定休假日等非工作时间内进行的值班，它一般不完成工作任务。)

4. 有下列情况之一者，不认定为加班：

(1) 由于正常工作任务未按要求及时完成而需延长工作时间内而利用公休日、节假日完成的。

(2) 在正常工作日因接待公司客户延时工作的。

(3) 延长工作时间处理日常工作 4 小时以内的。

(4) 开会、培训、实验、出差、出差的：出差补贴或误餐累计计。

(5) 正常工作时间以外参加公司组织的公共活动的。

六、加班补偿

1. 加班调休。

(1) 员工加班除依定节假日外，计算安排调休，尽量在适当时间安排员工调休。

(2) 员工有权要求将加班时累积到一起调休，但调休时间最长原则上不得超过三天，具体调休时间由于员工直属管安排。

2. 员工确因工作任务繁忙不能调休的，按《劳动法》规定支付加班补贴。

(1) 加班费的计算基数。

加点工资=基本工资/月计薪天数/8×延时加点工时×1.5 倍

公休日加班工资=基本工资/月计薪天数/8×公休加班工时×2 倍

法定节假日加班工资=基本工资/月计薪天数/8×法定加班工时×3 倍

(2) 加班费的发比例。

平时工作日加班：每小时按员工小时工资标准的 1.5 倍计算。

公休日加班：安排劳动者工作又不能安排补休的，每小时按员工 2 倍计算。

国家法定节假日加班：每小时按员工小时加班工资标准的 3 倍计。

附表：

《加班申请表》

《加班工作情况记录表》

图 3-3　员工加班管理制度

从上述加班管理制度中我们可以看到，在加班的认定中值班是不属于加班的。加班和值班虽然都为用人单位提供了额外劳动，但两者的性质是不同的。认定加班还是值班，主要看劳动者是否继续在原来的岗位上工作，或是否有具体的生产或经营任务。在原岗位上具有生产、经营任务的是加班，反之是值班。所以员工根据单位的安排进行值班的，不能主张加班费，但可以根据单位的规章制度享受相应的值班费待遇。

另外，加班应当遵循员工自愿原则，公司不能强制员工加班，更不能因为员工不加班就对其进行违纪处理。用人单位不能以牺牲员工的健康来一味强调加班，加班是建立在用人单位和员工协商的基础上。

总的来说，加班管理是员工日常管理工作中需要面对的常见问题，如果处理不当，很容易引起员工与企业之间的矛盾。所以首先管理者自身需要明确加班的相关内容，其次还要通过加班管理制度对加班的相关内容进行公开公示，避免引起员工误会。

3.2.3 员工出差规范化管理

员工除了加班之外，还有一种特殊的工作状态，即出差，指工作人员临时被派遣外出办理公事，到常驻工作地以外的地区或城市工作或担任临时职务。

因为一些企业的特殊行业性质，需要员工经常性地外出办公，例如营销人员和项目人员。因为出差员工不在企业内办公，所以管理起来比较麻烦，且相比正常办公员工来说，管理起来要更为细致。例如员工的出行、食宿、假期补休等，都需要另行管理。下面我们来具体看看出差员工的管理内容。

（1）出差员工的考勤管理

出差办公的员工虽然没有在公司常驻办公场所，不能够签到考勤，但是仍然在工作状态中，因此出差员工的考勤应该单独按照出差考勤计算。

员工出差之前应该填写"出差申请单"，说明出差的原因、出差的期限和地点等内容，经由上级批准后才生效。因实际情况有变需要延长出差时间的，需请示并得到上级批准，返程后补填"出差延期单"。当月管理人员按照员工的出差申请单和出差延期单进行考勤统计核算。

表3-1为员工出差申请单。

表 3-1　出差申请单

出差人	部门		职务		代理人职务	部门		代理人签认
	姓名					职务		
出差原因								
暂支旅费					出差起始时间	自__年__月__日起 至__年__月__日止 共__日		
出差地点								
经理			直属上级			申请人		申请日期

（2）员工出差流程管理

为了规范管理员工的出差情况，企业应该制定规范、统一的出差程序，避免不必要的出差发生，浪费企业的人力、物力和财力。在员工的出差流程管理中除了员工本人之外，通常还涉及多个部门和多个工作人员，这些都需要在出差流程管理中做出明确公示，才能确保大家各司其职，保证出差能够顺利进行。

图 3-4 为某公司员工出差管理流程。

出差员工部门	行政部门	行政部经理

```
        ┌──────────┐
        │  流程开始  │
        └────┬─────┘
             │
     ┌───────▼────────┐
     │ 员工填写出差申请单 │
     └───────┬────────┘
             │
     ┌───────▼────────┐
     │ 直属上级确认签字  │
     └───────┬────────┘
             │
     ┌───────▼──────┐      ┌──────────┐
     │  经理确认签字  │─────▶│ 办理相关手续 │
     └──────────────┘      └────┬─────┘
                                │
                         ┌──────▼──────┐
     ┌──────────┐        │ 订购车票、机票、 │
     │  员工出差  │◀───────│   酒店等    │
     └────┬─────┘        └─────────────┘
          │
     ┌────▼─────┐     否          否
     │ 整理各种票据 │─────▶◇审批◇─────▶◇审批◇
     └──────────┘
     ┌──────────┐
     │ 填写出差回执单 │◀────────────────┘
     └────┬─────┘
          │
          └─────────▶◇审批◇
                       │
                 ┌─────▼────┐
                 │  办理手续  │
                 └─────┬────┘
                       │
                 ┌─────▼────┐
                 │   存档    │
                 └─────┬────┘
                       │
                 ┌─────▼──────┐
                 │   流程结束   │
                 └────────────┘
```

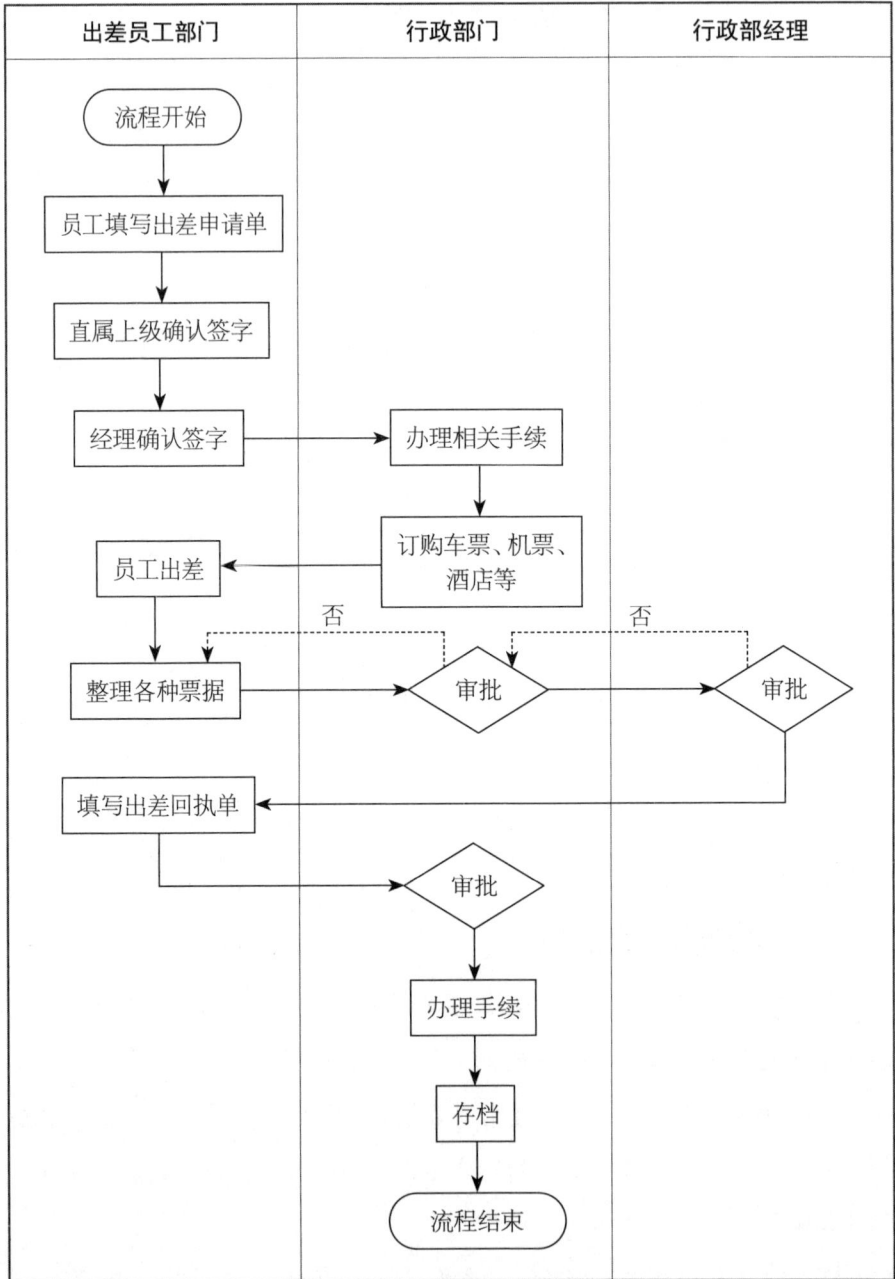

图 3-4 出差管理流程

（3）员工出差差旅费管理

员工出差涉及差旅费问题，包括员工出行的餐饮、交通和食宿等的消费标准的规定和管理，这些属于员工出差成本，管理得当可以减少不必要的开支，也可以减少因差旅费报销引起的一系列问题。

首先，管理者需要明确规定员工出差时差旅费的标准。实际中，企业应该根据企业的经营状况，结合当地消费水平以及行业差旅水平综合确定标准。需要注意的是，差旅费的标准应该统一、公平、公开，员工出差的标准应一致，对于企业中的高管标准可以适当提高，形成岗位等级差，但是也应该做到公开、公平。

其次，管理者需要明确规定差旅费用报销的范围。除了基本的餐饮、交通和住宿之外，可能还会产生一些其他费用，管理者提前明确规定员工出差差旅费用的报销范围，可减少员工不必要的开支。

最后，还要确定员工差旅费报销的流程，通常包括以下两点。

①出差人员填制差旅费报销单→直属上级审查→财务人员审核→出纳结算付款。各分管领导应对差旅费报销的真实性、合理性负全面责任。

②财务人员、稽核人员、资金管理人员按规定对报销手续、预算额度、票据合法性、真实性、出差标准进行审核并对此负责。

（4）制定员工出差管理制度

根据上述的内容，管理者需要制定员工出差管理制度，对相关的内容进行细化和确定，然后公示出来，从而对员工出差起到规范管理的作用。

图3-5为某公司员工出差管理制度。

员工出差管理细则

第一章 总则

第1条 目的

为规范员工出差管理的各项工作，加强对出差预算、结算的管理，特制定本细则。

第2条 适用范围

本制度适用于除业务员以外的所有公司员工国内出差工作。

第3条 职责范围

1. 人力资源部负责员工出差的记录统计工作。

2. 财务部负责出差费用的审核、报销工作。

第二章 出差管理

第4条 出差申请

1. 出差之前，出差人员必须提交出差申请表，注明出差的时间、地点和事由，派遣部门领导按实际需要确定出差期限。

2. 出差人员应将《出差申请表》送入人力资源部留存、记录考勤。

第5条 出差审核权限

1. 当日出差，即当即可往返的出差，由部门领导核准。

2. 普通出差三天内返回的由部门领导核准；四天及以上的由总经理核准。

3. 部门领导出差的，一律由总经理核准。

第6条 出差费用标准

1. 交通费用标准

1.1 出差员工出差需乘坐火车（D字头火车需特快）、汽车等交通工具，并凭票实报实销，一般情况下不得乘坐飞机。出差路途较远或出差任务紧急，经公司领导批准的，可以乘坐飞机经济舱。在行程能够保证的情况下，尽量购买打折机票。

1.2 出差人员乘坐火车，在车上过夜 6 小时以上（晚八时至次日七时之间）或连续乘车时间超过 8 小时的可购买硬卧票。

1.3 自驾车出差时，按高速公路及过桥、过路费，凭实报实销。

1.4 搭乘公司的交通工具，若乘坐出租，若乘坐出租车，车时由个人承担。

1.5 在办公效率不影响的情况下，公司为节约差旅支出，鼓励员工乘坐当地公共汽车、地铁、小公汽等，其费用实报销；若乘坐出租，报销时每张单据写满起点、终点及说明原因，经部门领导签字审核后方可报销。

2. 住宿费用标准

住宿实行限额制，标准额度内的住宿费，凭发票实报实销，超出标准额度的部分不予报销。

2.1 总经理级别住宿费凭发票实报实销。

2.2 部门领导以及相应待遇人员：省会及四线城市，住宿标准为每人每天 180 元；其他地区，住宿标准为每人每天 120 元。

2.3 其他普通员工：（1）住宿标准为每人每天 160 元；（2）其他地区：住宿标准。

2.4 如同行人数超过一人，同性员工须尽量合住一间房间，以节约费用及资源，宿费可参照级别高的标准，且同性多人只能报销一份住宿费。如住宿的是两人房间，则同住两人报销一份住宿费。

2.5 对于酒店的选择应事先预定有折扣的房间，尽量缩短出差天数，合理安排时间；出差办公需独立行动，以节约资源。

3. 伙食补助标准

3.1 总经理级别就餐费用凭发票实报实销。

3.2 总经理级别以外的其他员工伙食补助标准为每人每天 60 元，其中早午晚分别为 10 元、20 元、30 元。

3.3 如不是整天，则相应按日补助中扣除相应的金额。

第7条 出差人员参加会议、培训、学习时由会务主办单位统一安排住宿及就餐的，不再按以上标准报销住宿费及就餐费。

第8条 出差发生的差旅费用超出规定标准的，超出部分由个人自理，但是特殊情况由总经理特批的除外。

第9条 员工出差完毕后应立即返回公司，并于三日内凭有效日期证明（如机票、车票等）到财务部办理费用报销手续。

第10条 未按以上手续办理出差手续或未经审核所发生的费用，公司将不予报销。出差人员应对差旅费报销的合法性、真实性负责。

第三章 出差借款与报销

第11条 借款

1. 公司人员出差需借大笔现金时，应提前向财务预约；大额开支，应按银行的有关规定用支票支付。

2. 出差人员在出差返回三日内，到财务部结算，还清出差借款，如无正当理由过期不结算者，扣发借款人工资，直至扣清为止。

3. 出差人员借用备用金，需要填写借款单，借款在 3000 元以内的由部门领导审批，借款在 3000 元以上的由部门领导初审，总经理批准。借款金额一般不超过预计可以报销金额的 1.5 倍。

4. 借款人应按借款时的用途使用借款，严禁将公款挪作他用。

5. 本公司出差报销程序如下：（1）按财务规定粘贴《报销单》；（2）部门主管或总经理审核签字；（3）财务部审批；（4）总经理审批；（5）财务预款报销。

第四章 附则

第12条 总经理或执行特殊任务的出差人员的各项开支另实报实销。

第13条 出差期间不得另外报加班费、加班餐，司机驾驶车辆出差和法定节日出差的除外。

第14条 住宿费、伙食补助的支付标准，因物价的变动，可以由总经理随时进行调整。

第15条 本制度自公布之日起执行。

图 3-5　员工出差管理制度

3.2.4　劳逸结合，安排好员工休假

除了员工的日常工作管理之外，员工休假也需要做相应的管理安排。休假是员工应享受的基本权益，也是对员工工作体力的保障，更是企业对员工关怀的体现。管理者应该在遵循国家相关法律法规的基础上，合理制定员工的休假制度。

首先管理者应该明确员工休假的类型，不同的类型，假期长短不同。常见的休假类型有 9 种。

①国家法定假日，即根据国家相关法律规定的休假日。根据现行法律的规定，我国的法定假日有 11 天，包括元旦 1 天、春节 3 天、清明节 1 天、劳动节 1 天、端午节 1 天、中秋节 1 天和国庆节 3 天。

②正常休息日，即根据企业上五休二的规定，每周末为员工正常的休息日。

③年休假，指企业回馈给员工的一年一次的假期，根据员工入职年限的不同，年假的天数也有所不同。

④婚假，指员工结婚时企业给予的3天假期。

⑤丧假，指员工的直系亲属死亡时，企业应该根据具体情况，酌情给予员工1～3天的丧假。直系亲属指和自己有直接血缘关系或婚姻关系的人，如配偶、父母、子女。如果职工死亡的直系亲属在外地，需要职工本人去外地料理丧事的，企业应该根据路程远近，另外给予职工路程假。

⑥产假，指在职女员工产期前后的休假待遇，一般从分娩前半个月至产后两个半月，女职工生育享受不少于九十八天的产假。职业女性在休产假期间，用人单位不得降低其工资、辞退或者以其他形式解除劳动合同。

⑦陪产假，男员工配偶生育期，男员工享有一定时间看护、照料对方的权利。《劳动法》等相关法律法规并未对陪产假做出明确的规定，具体要看各省、自治区、直辖市的实际规定。

⑧病假，指员工因患病或非因工负伤，需要停止工作医疗时，企业应该根据劳动者本人实际参加工作年限和在本单位工作年限，给予一定的医疗假期。

⑨事假，指员工因个人私事耽搁而不能正常上班时请的假期。

上述的假期类型中，法定假期、婚假、产假、丧假以及陪产假等，需要严格按照国家的相关法律执行。对于其他假期的管理，一方面需要考虑员工的实际情况，另一方面还要考虑企业的经营情况。更重要的是，在制定时应该酌情考虑，表现出企业的人性化，以及对员工的关怀。

另外，管理者在制定员工休假制度时还要对员工旷工的情况做出明文规定，包括具体的惩罚措施，避免员工假期结束不到岗的情况发生。

图 3-6 为某企业员工休假管理制度。

企业员工休假管理制度

一、总则

为维护公司的正常工作秩序，保障员工休息休假的权益，根据国家相关法律，结合公司实际，特制定本制度。

二、适用范围

1. 公司根据不同岗位的不同工作特点，确定各岗位的规定工作时间。
2. 各部门应在规定工作时间内组织员工完成工作任务，在正常情况下不应安排员工加班。
3. 员工应按时到下一班不得迟到、早退、旷工。

三、休假

1. 员工休假主要包括：年假、事假、婚假、丧假、员工产假、陪护假、病假等。

2. 年假

(1) 以每年1月1日为界，员工在本公司或总部及其控参股企业连续工作满12个月以上的，可以享受本年度的一次性带薪年休假，以下简称"年假"。
(2) 年假期间可照发工资。
(3) 员工累计工作满1年不满10年的，年假5天；满10年不满20年的，年假10天，满20年的，年假15天。
(4) 员工的法定节假日、公休日、婚、丧、假、产假等假期以及因工伤停工留薪期间不计入年假时限。
(5) 有下列情形之一的，不享受本年度的年假：
 a. 上年度请事假累计15天以上；
 b. 累计工作满1年不满10年的员工，上年度请病假累计1个月以上的；
 c. 累计工作满10年不满20年的员工，上年度请病假累计2个月以上的；
 d. 累计工作满20年以上的员工，上年度请病假累计3个月以上的。
 e. 员工上年度休产假的。
 f. 在上年度或本年度内，因本人过失给公司造成经济或其他损失的。
 g. 各部门根据等工作计划，并考虑员工本人意愿，统筹安排员工年假，于每年12月10日前将下年度员工年假计划报公司综合部审核批准。年假应在本年度内一次性休完，跨年度作废。
 h. 员工不休年假的，公司给予日工资300%的年假补助，次年元月发放兑现，本年度未休而解除劳动关系的，不予支付年假补助。
 i. 员工在休年假前应填写《年假申请单》，经其直接领导和间接领导共同批准，并报综合管理部审核同意后方可休假。

3. 事假

(1) 以个人事务应尽可能在法定节假日、公休日、年假期间办理，尽量不请事假。
(2) 连续请事假3天，3天以内的，事假期间无工资，连续请事假3天，不含3天以上的，事假期间无工资并加日工资的100%。
(3) 一个年度内员工事假累计超过15天，超出部分按照期间日工资的200%。
(4) 员工在请事假前应填写《事假申请单》。

4. 病假

(1) 员工因患病或非因公工负伤，需就医诊疗的经批准，可以休病假。
(2) 病假期间按照日工资的50%发放病假工资。
(3) 根据医疗保险的有关规定，医保机构有权审查公司的病假。
(4) 7天以上的病假，综合部应主动提请医保机构予以审核。

(5) 病假期间凡遇有法定节假日和岗位休息日的，不予减除法定节假日和岗位休息的时间。
(6) 员工因故意自伤、打架斗殴、违法犯罪等行为为致伤、病，停工医疗期间，不按病假处理。
(7) 员工请病假应填写《病假申请单》，请病假2天的应经本单位员工证明并由其直接上级批准。2天以上的，应附三级甲等以上医院开具的《病假诊断书》，并由其直接上级和间接上级共同批准。

5. 婚假

(1) 员工结婚，享受婚假3天。
(2) 婚假期间工资照发。
(3) 婚假应在登记结婚之日起一年内一次性休完，逾期未休婚假作废。
(4) 员工请婚假应填写《婚假申请单》并附有《结婚证》及其复印件，由其直接上级批准。

6. 丧假

(1) 员工直系亲属（父母、配偶子女）死亡，给予丧假3天，祖父母、外祖父1天，异地办理丧事的，增加3天。
(2) 丧假期间工资照发。
(3) 员工请丧假应填写《丧假申请单》，由其直接上级批准。

7. 女员工产假

(1) 女员工正常生育的产假为98天，其中产前假15天，难产的增加15天。
(2) 女员工妊娠不满2个月流产的，产假为15天；妊娠2个月不满3个月流产的，产假为20天；妊娠3个月以上不满4个月流产的，产假为30天，妊娠4个月以上流产的，产假42天。
(3) 员工请产假应填写《产假申请单》并附医院出具的相关证明材料，经上级批准后方可休假。

8. 男员工护假

(1) 妻子生育时，男员工可享受陪护假10天。
(2) 员工请陪护假应填写《陪护假申请单》，由其直接上级批准后方可休假。

四、旷工管理

1. 员工请假但无正当理由或超假或造造理由未取假期，查实后按旷工处理。
2. 假期已满未按时回单位工作，按旷工处理。
3. 员工工作调动未按规定日期报到的，按旷工处理。
4. 公司因需要安排员工加班时员工无故不到的，按照旷工处理。
5. 旷工1天，含1天以内，扣发当月基本工资的20%。
6. 连续12个月内累计旷工3天，按照待岗处理。
7. 连续12个月内累计旷工7天，作解除劳动关系处理。
8. 员工请假不足30天，但跨月度的应分别办理每个月度的请假手续。

图 3-6　员工休假管理制度

3.3　员工异动管理，按能力划分调动

员工的岗位通常不是一成不变的。随着时间的流逝，表现好的，能力突出的员工需要升职。相对表现不好的，能力较差的员工可能会降职，这些都需要管理者统筹协调，以便合理配置公司的人力资源。

3.3.1 员工晋升时的异动管理

职位晋升意味着员工薪酬与职位的提升，这是企业对员工努力工作的肯定，也是员工自我价值的体现。作为管理者，需要对员工的晋升做出合理的规划和管理，以便能及时对员工起到激励作用，也能使企业的晋升更公平、公正。

员工职位晋升的异动管理主要包括两个方面，设计员工晋升通道和晋升标准，以及确定员工晋升的流程。

（1）设计员工晋升通道与晋升标准

员工的晋升通道指的是员工由低层级职位上升到高层级职位的过程。企业中合理的员工晋升机制可以帮助企业实现良好的资源配置。简单来说，就是让合适的员工做合适的事，实现能力与职位的匹配，为员工提供良好的职业规划，并对员工起到激励作用。

设计员工晋升通道需要遵循以下设计原则。

◆ **系统性原则**：晋升通道设计需要针对不同类型的员工、不同的岗位特性，设计相应的职位晋升通道，以便让在企业工作中的每一位员工都能有自己的理想职业规划。

◆ **长期性原则**：员工的晋升通道应该要贯穿员工的职业生涯始终，以便让员工找到自己所在位置和前进的方向。

◆ **动态性原则**：根据企业所处阶段的不同，其发展战略和组织结构也会发生变化，对员工也存在不同的发展需求，因此员工晋升通道也应做出相应的调整。

企业的员工晋升通道设计需要经过四个步骤，如图3-7所示。

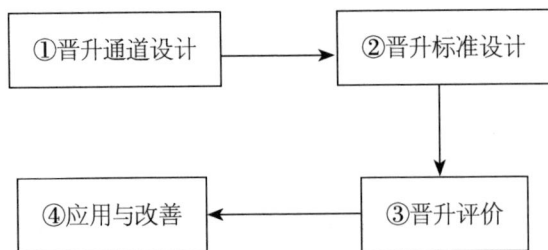

图 3-7　晋升通道设计

第一步，晋升通道设计。 根据企业职务特性，可以将企业设立的岗位划分为三类，即管理类、项目管理类以及技术类。再结合各类岗位的特性设计出各个职位之间存在的上下级联系，也就是员工的晋升通道。

第二步，晋升标准设计。 有了晋升通道之后，还要设计可量化的晋升标准，这也是员工们奋斗的具体目标。晋升标准主要包括绩效考核标准、资格与能力素质标准等。

第三步，晋升评价。 针对员工的晋升还需要对其进行评价，包括评估、面谈与使用、结果公布四个步骤。

第四步，应用与改善。 设计的员工晋升通道不是一成不变的，需要结合实际的晋升情况做出改进，才能保证晋升通道的公平、公正。

（2）确定员工晋升的流程

员工晋升不管是对于企业还是员工，都是一件非常严肃的事情，所以管理者需要制定一系列正式的晋升流程，体现晋升的仪式感，让员工感受到晋升的来之不易。

虽然不同的企业晋升流程有所差异，但大致上相同。图 3-8 为某公司员工晋升流程图。

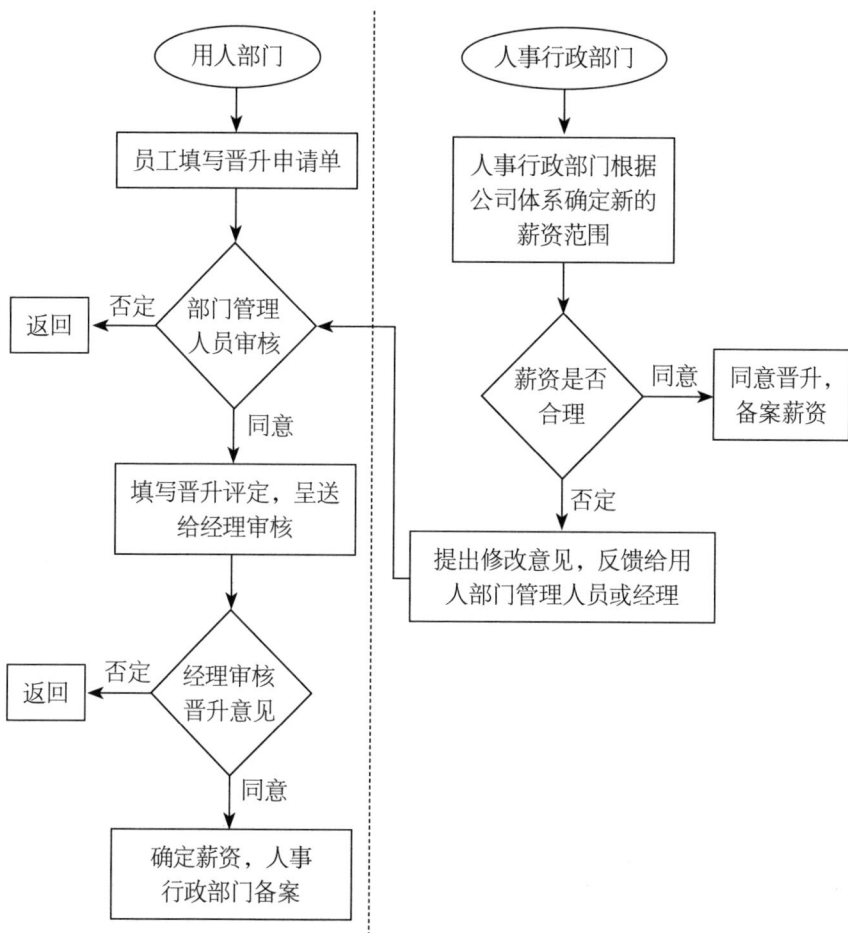

图 3-8　员工晋升流程

案例实操 员工晋升制度设计

公司可以根据工作需要，对员工的岗位或职位进行必要的调整，员工也可以根据本人的意愿申请公司部门之间的调动。

1. 员工晋升可分为员工部门内晋升和员工部门之间的晋升。

（1）员工部门内晋升指员工在本部门内的岗位变动。各部门经理根据部门实际情况，经考核后，具体安排，并报行政部存档。

（2）公司员工部门之间的晋升指职员在公司内部各部门之间的流动。经考核后填写员工晋升表，由所涉及部门的主管批准并报总经理或总经理授权批准后，由所涉及部门的主管批准并报总经理或总经理授权人批准后，交由行政部存档。

2. 员工晋升分为三种类型。

（1）职位晋升、薪资晋升。

（2）职位晋升、薪资不变。

（3）职位不变、薪资晋升。

3. 员工晋升的形式分为定期或不定期。

（1）定期：公司每年根据公司的营业情况，在年底进行统一晋升。

（2）不定期：在年度工作中，对公司有特殊贡献、表现优异的员工。

（3）试用期员工：在试用期间，工作表现优秀者，由试用部门推荐，提前进行晋升。

4. 员工晋升依据。

（1）公司普通员工，在原工作岗位上工作半年时间（含试用期工作时间），经部门经理评定工作表现优秀。

（2）公司部门经理级员工，在原岗位上工作时间一年（不含试用期工作时间），经总经理评定工作优秀。

（3）因公司需要，经总经理特批的其他情形的晋升。

5. 员工晋升权限。

（1）部门经理及部门总监由总经理核定。

（2）部门经理或主管，由总监以上级别人员提议并呈总经理核定。

（3）普通员工的晋升分别由部门经理或主管提议，呈总经理核定，并通知行政部。

6. 员工岗位晋升后，相关部门必须做好新到员工的部门培训。

7. 员工晋升后，一个月内为试用期，在试用期内员工薪资暂不做调整。

8. 试用期后的薪资将根据员工在试用期内的工作表现，对试用期不合格的员工，公司将恢复其原来的岗位，薪资保持不变。

9. 公司员工迟到、早退30次，旷工3次以上及其他违反公司规章制度行为，次年不能晋升职位和薪资。

10. 公司各级员工接到晋升通知后，应在指定时间内办妥移交手续，就任新职。

11. 本制度的解释权在行政部，行政部有权根据公司的实际情况，对本制度进行修改。

12. 员工晋升等级描述及晋升资格。

（1）销售人员晋升等级表及基本工资待遇表。

职位名称	职　　级	职　　　　等			
		一等（80分）	二等（85分）	三等（90分）	四等（95分）
销售专员	1级	1 000元	1 200元	1 400元	1 600元
销售代表	2级	1 500元	1 700元	1 900元	2 100元
销售经理	3级	2 000元	2 200元	2 400元	2 600元
销售总监	4级	2 500元	2 700元	2 900元	3 100元

（2）销售人员晋升体系。

①试用期晋升：试用期为期两个月，结束后由公司总结该试用期人员情况，结合该员工述职报告及面谈、部门主管描述，确认该人员辞退、重复试用、劝退以及晋升转正。

②转正期晋升：初级销售人员转正一年后，公司考核其年度业绩及一年工作表现。根据销售部经理的回馈信息，在业绩表现及个人素质表现方

面均达标的初级销售人员，晋升为销售代表。初级销售专员转正六个月之后，表现杰出或有额外业绩贡献的可直接晋升为销售代表。

③销售代表晋升：公司划分销售部门，有销售离职或辞退后，从转正满六个月的销售专员中提升销售代表一人，提升以个人工作能力、员工培训能力、团队激励及管理能力、公关能力和业绩情况等作为考核标准，由公司参考所有销售人员意愿后经总经理确认。

④销售经理、总监工作描述及晋升：公司产生三个销售团队后，由公司安排进行内部竞岗一次，提升销售经理一名；销售经理、总监需具备三年以上销售工作经验，两年以上销售团队管理经验，任职时间不低于两年，吃苦、耐劳、恒心、上进。

案例中的员工晋升设计是一份比较完善、科学、实用性强的晋升制度，具体如下所示。

①设计的员工晋升通道比较完善，针对不同阶段的员工明确了不同的晋升途径，包括试用期、转正期，使公司中的每一位销售人员都有机会参与晋升。

②针对"销售"这一岗位性质设置了定期和不定期两种晋升方式，强调了销售业绩对于销售人员的重要性。

③根据不同的晋升岗位设置了不同的晋升要求，包括业绩要求、工作年限要求以及工作能力要求等。随着晋升的职位等级越高，晋升要求也越高。

④明确了不同职务的不同薪资待遇，给了员工积极奋进的目标。

⑤晋升体系纵向发展，清晰明朗，适合不同岗位的员工。

3.3.2　员工职务下调的异动管理

员工有晋升管理，自然有降职管理。职务下调的异动通常带有惩罚性质，是对员工做出有损企业正常运营，或者给企业带来不良影响，又或者给企业带来经济损失之后，做出的惩罚措施。

员工的降职管理与晋升管理相对应，也包括两个部分，即降职的条件和程序。管理者需要建立明确的员工降职管理制度，在制度中公示员工降职的条件程序，一方面能够对员工起到警示作用，避免员工犯错，另一方面也能避免员工遭遇降职处理时出现不必要的纠纷。

◆ 设定降职的条件

降职条件的设置通常需要围绕两个角度来考虑，即员工个人和企业。从员工的角度来看，应该以员工的业绩情况和工作能力来设定；从企业的角度来看，应该以员工的个人行为是否给企业造成不良影响，或影响企业的正常运行来设定。

◆ 降职的流程

降职与升职一样需要严格的、正式的程序步骤，但与升职不同的是，正式的降职程序能够对员工起到惩罚作用，能在一定程度上对员工的行为起到约束作用。

案例实操 员工降职制度设计

为了维护公司的稳定运营，保证员工在降职时顺利交接，特制定本规定。

一、目的

降职一般用于员工在工作中出现严重错误、绩效考核成绩较差、业绩较差等，目的是警示和教育犯错误的员工和全体员工。

二、降职的条件

1.每季度连续月度绩效考核不达标者。

2.违反公司制度，并造成严重负面影响。

3.直接或间接损害公司利益。

4.工作能力不能够达到本岗位的要求。

5.任职期间出现严重工作失误。

三、降职程序

1.由用人部门填写员工降职审批单，说明降职原因，签署用人部门意见，送至人事部。

2.人事部对员工及事件进行调查核实，签署意见后呈上级审批。

3.审批后，人事部与用人部门一起找被降职员工面谈，说明降职的原因及努力方向。

4.人事部发布降职通知，并在公司内进行公示。

5.员工职务变更后，人事部将相关资料存档备查，并将当月员工的降职信息交由财务部。

6.用人部门根据该员工新岗位的绩效考核细则，对其进行绩效考核，并做好日常工作跟进。

7.降职员工在新岗位表现好，符合晋升条件，与其他员工同样享受晋升的权利，但原则上需要在新岗位上工作时间不低于三个月以上。

8.当降职员工岗位已达到最低级别时，给予此类员工调岗或辞退处理。

其实，从上述降职制度可以看到，降职制度的设置更多是起到一个警示作用，用以约束和激励员工的行为，所以普遍内容较短。

在员工的降职异动管理中，需要重点注意善后问题，尤其是面对新生代员工。新生代员工个性突出，行为大胆，容易出现问题，一旦发生降职异动有可能会出现过激的情绪反应。对此，管理者应该注意平衡被降职后员工的心态。

被降职的员工一般会有这样三种心态：一是觉得很没面子，同事面前抬不起头来，亲属朋友面前无法交代；二是不服组织处理结果，认为不是自己的原因，找理由归因于外；三是积极调整心态，勇于面对挫折和挑战。

对于第一种心态的员工，应该给予关心和鼓励，尤其是对员工的优点和能力，给予肯定。另外，当员工到了新的岗位之后，也要保持关注，表现出关心，增强员工的自信心。

对于第二种心态的员工，首先要向其说明这种行为是错误的，并进行批评和教育。如果员工之后仍然我行我素，不知悔改，那么可以考虑与其解除聘用关系。

对于第三种心态的员工，要积极肯定，并实时关注员工的发展和进步，并将其视为重点员工进行培养，因为此类员工通常具有较大潜力，面对挫折能够快速反省，并积极面对。

3.3.3　员工平级调动的异动管理

平级调动指的是员工在同级水平的岗位之间做调动，这是比较常见的一种人员配置方式。

平级调动通常包含两种情况：①因为工作需要，员工在企业子公司与子公司之间，或部门与部门之间的人员调动，员工调岗之后需要重新签订新的劳动合同；②由于某项单独的工作，人手不足而从其他子公司或部门临时借调的员工，在完成某项工作或借调期满后需返回至原公司或原部门，此时被调员工不需要重新签订劳动合同。

升职调动是开心的事，降职调动是难过的事，但是对于平级调动很多员工的看法不一致。有的人认为平级调动可以帮助横向发展，培养自己的能力，为以后的升职打下基础。此时的平级调动对员工具备激励性质，能够鼓励员工更积极地投入到工作当中。

但是，有的人认为平级调动使自己离开了原本熟悉的岗位，失去了固有的权利，一切需要重新开始，自然不是一件开心的事情。

面对这样的情况，管理者在做员工平级调动安排时要遵循几项调动原则，否则可能会触犯相关法律。

◆ 用人所长。根据员工的长项来安排适合的岗位。

◆ 合理性。调岗应具有合理性，且岗位之间存在关联性，不存在惩罚性质。

◆ 协商一致。调岗应该遵循员工的意愿，若用人单位基于迫使劳动者离职而调整岗位，劳动者是可以拒绝的。也就是说，虽然管理者有权根据生产经营的需要调整员工的工作内容或岗位，但是双方为此发生争议的，用人单位需要举证证明调职具有充分的合理性，否则劳动者有权拒绝。

企业员工平调也需要制定出规范、统一的制度，并公示给全体员工，一方面能显示出企业公开透明，另一方面让大家心里有数，更有利于工作。

案例实操 **员工调职制度设计**

为规范员工的内部调动，给员工提供平等的竞争机会，创造积极向上的工作气氛，特制定本规定。

一、调动类别

1. 调岗

因部门调整或工作需要，或为提升员工的工作能力，经部门领导和经理批准后可安排员工调岗。

2. 借调

由于某项工作需要，经所在部门领导同意后可将员工借调到公司其他部门或其他职位。

二、调动程序

1. 调岗

（1）当公司内部出现岗位空缺时，除外部招聘外还可考虑内部提升或平级调岗，公司有关部门及员工本人均可以提出调岗。

（2）公司有关部门提出调岗的，由人事部负责协调，取得调入与调出部门负责人的同意后，被调动人员填写员工调动审批表交由经理批准。

（3）员工提出调岗的，由本人提出书面调岗申请，经所在部门领导同意后，填写员工调动审批表，并报所在部门负责人同意后，报总经理批准。最后将员工调动审批表返回给人力资源，由人力资源向员工及相关部门发出岗位调动通知单。

2. 借调

（1）由公司或拟借调部门的主管层提出，并经人事部与有关部门协商而确定。

（2）公司内部部门之间借调：用人部门与调出部门及员工本人协商并取得一致。

（3）各子公司之间借调：由各子公司领导提出，被调动人员填写员工调动审批表，经相关子公司领导确认以后，报经理批准。人力资源部向调动人员发出岗位调动通知单。

3. 移交

员工接到岗位调动通知单后，应于1日内与调出部门办妥工作移交手续，并至调入部门报到。

4. 离任审计

员工调离原岗位时，根据财务相关制度进行离任审计。

第4章

薪酬规划
不合理的待遇留不住人

薪酬是员工为企业提供所需要的劳动而获得的补偿，是员工个人的价值体现，也是企业留住人才的重要手段。因此，管理者要做好员工的薪酬规划管理，实现薪酬管理服务并优化人力资源战略，而人力资源战略服从于企业发展战略目标。

4.1 做好薪酬核算，让员工劳有所得

薪酬核算是每个企业最基本的财务管理，它关系到每位员工的切身利益，一方面它要求精准计算每位员工的应得工资，另一方面它要求企业每月准时发放工资，让员工劳有所得。

4.1.1 工资核算前的准备工作

工资是员工劳动的直接结果，若核算不当或出现错误，很容易引发和激化员工与企业之间的矛盾，引起一系列的经济纠纷。所以管理者在核算具体的工资前需要做好充足的准备工作。

核算工资前的准备实质上是要求管理者提前做好各项数据的准备工作。

（1）员工的月平均工作时间和工资折算

一些企业计算员工工资时会涉及员工的月平均工作时间和工资折算，此时应该参考劳动和社会保障部《关于职工全年月平均工作时间和工资折算问题的通知》中的规定。

年工作日：365 天 −104 天（休息日）−11 天（法定节假日）= 250 天

季工作日：250 天 ÷4 季 = 62.5 天 / 季

月工作日：250 天 ÷12 月 = 20.83 天 / 月

工作小时数的计算：以月、季、年的工作日乘以每日的 8 小时。

按照《劳动法》第五十一条的规定，法定节假日用人单位应当依法支付工资，即折算日工资、小时工资时不剔除国家规定的 11 天法定节假日。据此，日工资、小时工资的折算：

日工资：月工资收入 ÷ 月计薪天数

小时工资：月工资收入 ÷（月计薪天数 ×8 小时）

月计薪天数＝（365天 －104天）÷12月＝21.75天

月计薪天数已考虑了法定的11天节假日的情况，即员工在法定节假日不工作，企业仍需支付法定节假日的工资。

（2）工资计算需用到的基数和税率标准

员工工资核算时会计算员工的个人所得税、社会保险缴费基数和公积金缴费基数等，这就要求管理者提前了解员工工资核算中可能会用到的基数和税率标准。具体内容包括下面四点。

◆ **社会保险和公积金缴费基数**：用于计算企业和个人缴纳社会保险和公积金的金额，并对员工缴纳部分实行代扣代缴。

◆ **个人所得税税率**：用于计算员工应缴纳的个人所得税金额，并对员工缴纳部分实行代扣代缴。

◆ **最低工资标准**：用于计算员工病假工资的下限标准。

◆ **社会平均工资**：用于计算社会保险和公积金缴费的上限、下限标准。

（3）企业内的相关数据收集准备（表4-1）

除了了解工资核算的相关法律法规和基数税率之外，企业内部也有相关的数据需要提前收集，为工资核算做好准备。

表 4-1　数据收集

名　称	内　容
员工异动数据	当月入职员工的薪资标准、到岗时间 当月离职员工的离职时间、工作时间 当月岗位变动员工的薪资标准、变动时间
考勤数据收集	核算员工当月正常出勤天数、各类请假天数、加班时间、迟到次数、早退次数、旷工时间
薪资标准	员工的薪资标准、当月员工的薪资调整情况

续表

名　　称	内　　容
浮动薪资	依据绩效考核结果计算出的绩效薪资；依据企业规章制度发放或扣发的全勤奖；员工当月的奖金、提成等
其他福利变动工资	统计员工龄工资、职称津贴、通信费补助以及住宿补助等

　　管理者需要注意，在统计各类数据时，对迟到、早退、旷工异常考勤的员工，管理者应该与员工进行书面签字确认，并保留相关资料。而对于加班或请假的员工，应保留相关审批文件资料，这些都可以避免员工与企业之间的纠纷。

4.1.2　确定员工的工资组成结构和比例

　　员工的工资组成结构和比例是工资核算的关键，想要为员工规划出合理的工资，又不能给企业增加过高的经济负担，还要让工资能够对员工起到激励作用，这就要求管理者在工资的组成结构和比例上下功夫。

　　薪酬由三个部分组成，即固定工资、浮动工资和福利。

　　①固定工资指根据劳动者的职位、工作经验、学历等给予的工资，按固定数额发放，即使有差别也是考勤等因素的差别，这部分薪酬不会与绩效挂钩，能够对员工的生活起到保障作用，如果降低会引起员工的严重不满。固定工资包括基本工资、岗位工资、工龄工资、学历工资等。

　　②浮动工资指随企业经营成果的好坏和员工个人劳动成果的大小而变动的一种劳动报酬形式，属于激励因素，包括短期激励和中长期激励。月度绩效工资、季度绩效奖、专项奖等属于短期激励；年度效益奖、股权期权、任期激励等属于中长期激励。

③福利是提供给员工的补充现金支持，同样属于保健因素，包括节日费、慰问金、住房补贴和餐饮补贴等。

不同的工资对应不同的发放目的，能够对员工起到不同的激励作用，所以在具体的工资组成结构设计时要考虑不同工资要素的目的和导向，见表4-2。

表4-2　不同工资要素的导向性

工资类别	工资要素	导　　向
固定工资	岗位工资	岗位价值
	全勤工资	工作态度
	年功工资	员工忠诚度
	技能工资	岗位技能
浮动工资	月度绩效工资	岗位绩效
	季度绩效奖金	岗位绩效
	年终奖金	企业绩效
	专项奖励	特定绩效
福利工资	过节费	福利
	补贴	福利
	其他	其他

虽然工资结构中的各要素可能会出现组成类似的情况，但薪酬比例存在很大的不同，而不同的比例带来的激励效果也明显不同。

工资比例指固定工资与浮动工资的比例，主要根据企业特点、薪酬策略以及职位特点确定，一般浮动薪酬所占比例越大，其薪酬激励的强度越大，其员工的收入风险也越大。一般的薪酬结构组合包括以下五种。

①工资 = 低固定 + 高浮动

②工资 = 高固定 + 低浮动

③工资 = 高固定 + 高浮动

④工资 = 高固定 + 低浮动 + 高福利

⑤工资 = 低固定 + 低浮动 + 高福利

其中，五种工资结构对员工的激励性由高到低为③＞①＞④＞②＞⑤。但并不是指企业为了对员工起到激励作用就一味采用"高固定 + 高浮动"的工资结构，这样势必会给企业带来沉重的人力成本压力。企业应该根据自身的经营情况，结合岗位工作的特点来确定。

例如，需要员工高积极性的销售岗位，可以采用"低固定 + 高浮动"的工资结构，以绩效浮动工资来激励员工。但对于一些稳定性较强的行政类岗位，则采用"高固定 + 低浮动"或"高固定 + 低浮动 + 高福利"的工资结构更适合。

总的来说，管理者应该在全面测评员工岗位的劳动情况的基础上，结合企业实际运营情况，合理确定员工的工资组成结构和比例。

4.1.3 注意法律规定的最低工资标准

最低工资标准是为了维护劳动者取得劳动报酬的合法权益，保障劳动者个人及其家庭成员的基本生活，国家劳动和社会保障部 2003 年 12 月 30 日推行《最低工资规定》，从 2004 年 3 月 1 日起开始施行。

因此，企业管理人员必须对最低工资标准的相关规定和内容有所了解，以免触犯相关法律规定。图 4-1 为《最低工资规定》。

最低工资规定

第一条 为了维护劳动者取得劳动报酬的合法权益，保障劳动者个人及其家庭成员的基本生活，根据劳动法和国务院有关规定，制定本规定。

第二条 本规定适用于在中华人民共和国境内的企业、民办非企业单位、有雇工的个体工商户（以下统称用人单位）和与之形成劳动关系的劳动者。

国家机关、事业单位、社会团体和与之建立劳动合同关系的劳动者，依照本规定执行。

第三条 本规定所称最低工资标准，是指劳动者在法定工作时间或依法签订的劳动合同约定的工作时间内提供了正常劳动的前提下，用人单位依法应支付的最低劳动报酬。

本规定所称正常劳动，是指劳动者按依法签订的劳动合同约定，在法定工作时间或劳动合同约定的工作时间内从事的劳动。劳动者依法享受带薪年休假、探亲假、婚丧假、生育（产）假、节育手术假等国家规定的假期间，以及法定工作时间内依法参加社会活动期间，视为提供了正常劳动。

第四条 县级以上地方人民政府劳动保障行政部门负责对本行政区域内用人单位执行本规定情况进行监督检查。

各级工会组织依法对本规定执行情况进行监督，发现用人单位支付劳动者工资违反本规定的，有权要求当地劳动保障行政部门处理。

第五条 最低工资标准一般采取月最低工资标准和小时最低工资标准的形式。月最低工资标准适用于全日制就业劳动者，小时最低工资标准适用于非全日制就业劳动者。

第六条 确定和调整月最低工资标准，应参考当地就业者及其赡养人口的最低生活费用、城镇居民消费价格指数、职工个人缴纳的社会保险费和住房公积金、职工平均工资、经济发展水平、就业状况等因素。

确定和调整小时最低工资标准，应在颁布的月最低工资标准的基础上，考虑单位应缴纳的基本养老保险费和基本医疗保险费因素，同时还应适当考虑非全日制劳动者在工作稳定性、劳动条件和劳动强度、福利等方面与全日制就业人员之间的差异。

月最低工资标准和小时最低工资标准具体测算方法见附件。

第七条 省、自治区、直辖市范围内的不同行政区域可以有不同的最低工资标准。

第八条 最低工资标准的确定和调整方案，由省、自治区、直辖市人民政府劳动保障行政部门会同同级工会、企业联合会/企业家协会研究拟订，并将拟订的方案报送劳动保障部。方案内容包括最低工资确定和调整的依据、适用范围、拟订标准和说明。劳动保障部在收到拟订方案后，应征求全国总工会、中国企业联合会/企业家协会的意见。

劳动保障部对方案可以提出修订意见，若在方案收到后 14 日内未提出修订意见的，视为同意。

第九条 省、自治区、直辖市劳动保障行政部门应将本地区最低工资标准方案报省、自治区、直辖市人民政府批准，并在批准后 7 日内在当地政府公报上和至少一种全地区性报纸上发布。省、自治区、直辖市劳动保障行政部门应在发布后 10 日内将最低工资标准报劳动保障部。

第十条 最低工资标准发布实施后，如本规定第六条所规定的相关因素发生变化，应当适时调整。最低工资标准每两年至少调整一次。

第十一条 用人单位应在最低工资标准发布后 10 日内将该标准向本单位全体劳动者公示。

第十二条 在劳动者提供正常劳动的情况下，用人单位应支付给劳动者的工资在剔除下列各项以后，不得低于当地最低工资标准：

（一）延长工作时间工资；

（二）中班、夜班、高温、低温、井下、有毒有害等特殊工作环境、条件下的津贴；

（三）法律、法规和国家规定的劳动者福利待遇等。

实行计件工资或提成工资等工资形式的用人单位，在科学合理的劳动定额基础上，其支付劳动者的工资不得低于相应的最低工资标准。

劳动者由于本人原因造成在法定工作时间内或依法签订的劳动合同约定的工作时间内未提供正常劳动的，不适用于本条规定。

第十三条 用人单位违反本规定第十一条规定的，由劳动保障行政部门责令其限期改正；违反本规定第十二条规定的，由劳动保障行政部门责令其限期补发所欠劳动者工资，并可责令其按所欠工资的 1 至 5 倍支付劳动者赔偿金。

第十四条 劳动者与用人单位之间就执行最低工资标准发生争议，按劳动争议处理有关规定处理。

第十五条 本规定自 2004 年 3 月 1 日起实施。1993 年 11 月 24 日原劳动部发布的《企业最低工资规定》同时废止。

图 4-1　最低工资规定

除了对员工最低工资的发放条件和内容等做了规定之外，文件还对最低工资的标准测算方法进行了规定。企业可以根据该方法测算出当地的最低工资情况。图 4-2 为最低工资测算方法。

最低工资规定

第一条 为了维护劳动者取得劳动报酬的合法权益，保障劳动者个人及其家庭成员的基本生活，根据劳动法和国务院有关规定，制定本规定。

第二条 本规定适用于在中华人民共和国境内的企业、民办非企业单位、有雇工的个体工商户（以下统称用人单位）和与之形成劳动关系的劳动者。

国家机关、事业单位、社会团体和与之建立劳动合同关系的劳动者，依照本规定执行。

第三条 本规定所称最低工资标准，是指劳动者在法定工作时间或依法签订的劳动合同约定的工作时间内提供了正常劳动的前提下，用人单位依法应支付的最低劳动报酬。

本规定所称正常劳动，是指劳动者按依法签订的劳动合同约定，在法定工作时间或劳动合同约定的工作时间内从事的劳动。劳动者依法享受带薪年休假、探亲假、婚丧假、生育（产）假、节育手术假等国家规定的假期间，以及法定工作时间内依法参加社会活动期间，视为提供了正常劳动。

第四条 县级以上地方人民政府劳动保障行政部门负责对本行政区域内用人单位执行本规定情况进行监督检查。

各级工会组织依法对本规定执行情况进行监督，发现用人单位支付劳动者工资违反本规定的，有权要求当地劳动保障行政部门处理。

第五条 最低工资标准一般采取月最低工资标准和小时最低工资标准的形式。月最低工资标准适用于全日制就业劳动者，小时最低工资标准适用于非全日制就业劳动者。

第六条 确定和调整月最低工资标准，应参考当地就业者及其赡养人口的最低生活费用、城镇居民消费价格指数、职工个人缴纳的社会保险费和住房公积金、职工平均工资、经济发展水平、就业状况等因素。

确定和调整小时最低工资标准，应在颁布的月最低工资标准的基础上，考虑单位应缴纳的基本养老保险费和基本医疗保险费因素，同时还应适当考虑非全日制劳动者在工作稳定性、劳动条件和劳动强度、福利等方面与全日制就业人员之间的差异。

月最低工资标准和小时最低工资标准具体测算方法见附件。

第七条 省、自治区、直辖市范围内的不同行政区域可以有不同的最低工资标准。

第八条 最低工资标准的确定和调整方案，由省、自治区、直辖市人民政府劳动保障行政部门会同同级工会、企业联合会/企业家协会研究拟订，并将拟订的方案报送劳动保障部。方案内容包括最低工资确定和调整的依据、适用范围、拟订标准和说明。劳动保障部在收到拟

公式（1）与（2）中 a 的调整因素主要考虑当地个人缴纳养老、失业、医疗保险费和住房公积金等费用。

另，按照国际上一般月最低工资标准相当于月平均工资的 40—60%，则该地区月最低工资标准范围应在 360 元—540 元之间。

小时最低工资标准=〔（月最低工资标准÷20.92÷8）×（1+单位应当缴纳的基本养老保险费、基本医疗保险费比例之和）〕 ×（1+浮动系数）

浮动系数的确定主要考虑非全日制就业劳动者工作稳定性、劳动条件和劳动强度、福利等方面与全日制就业人员之间的差异。

各地可参照以上测算办法，根据当地实际情况合理确定月、小时最低的工资标准。

图 4-2　最低工资标准测算

4.1.4 加班工资应额外计算

加班指企业因为生产经营的需要，与员工协商后延长的工作时间。对于员工来说，加班是额外的劳动付出，工资应该额外单独计算。

我们在前面一章的内容中介绍了相关法律对加班的规定，在加班工资的核算方面，应了解以下三点。

①平常延长工作时间的加班，加班费为员工工资的 150%。

②双休日安排加班又不能安排补休的，加班费为员工工资的 200%。

③国家法定假日安排加班，加班费为员工工资的 300%。

但在实际工作中，加班分为不同的情况，只有根据实际情况具体计算，才能真正准确地计算出员工加班工资。

◆ 标准工时下的加班工资计算

在标准工时制下，根据《劳动法》第三十六条、《国务院关于职工工作时间的规定》第三条规定，工人每天工作的最长工时为 8 小时，周最长工时为 40 小时。

根据《劳动法》第三十八条、第四十一条规定，标准工时制还有四点要求：①用人单位应保证劳动者每周至少休息 1 日；②因生产经营需要，经与工会和劳动者协商，一般每天延长工作时间不得超过 1 小时；③特殊原因每天延长工作时间不得超过 3 小时；④每月延长工作时间不得超过 36 小时。

根据标准工时制的规定，员工工作的时间比较固定，且延长工作时间有明确严格的限制条件。

在标准工时制度下的加班，根据《关于职工全年月平均工作时间和工资折算问题的通知》计算员工加班的时长，然后按照《工资支付暂行规定》计算加班工资。

例如，某公司 A 员工标准的月工资为 4 000 元，若员工当月每周周末加班 8 小时，员工当月的加班工资怎么计算？

员工的小时工资：

月工资收入 ÷（月计薪天数 × 8 小时）=4 000 ÷（21.75 × 8）=23（元）

员工当月的加班工资：

小时工资 × 小时数 ×200%=23 × 8 × 4 × 200%=1 472（元）

◆ 综合计算工时制度下的加班工资计算

综合计算工时制度是在标准工时制度的基础上发展而来的，它以一定的期限为周期，综合计算工作时间的工时制度。

根据《劳动部关于职工工作时间有关问题的复函》规定，综合计算工作时制有以下的特点。

①一般以月、季、年为周期综合计算工作时间。

②平均日工作时间和平均周工作时间应当与法定标准工作时间基本相同，即在综合计算周期内，某一具体日（或周）的实际工作时间可以超过 8 小时（或 40 小时），但综合计算周期内的总实际工作时间应当不能超过总法定标准工作时间。

③实行综合计算工时制的，无论员工平时工作时间数为多少，只要在一个综合工时计算周期内的总工作时间数不超过以标准工时制计算的应当工作的总时间数，即不视为加班。若超过，则超过部分视为延长工作时间，并按《劳动法》规定支付报酬，且延长时间的小时数，平均每月不得超过 36 小时。

综合计算工时制下的加班工资计算还是根据《劳动法》第四十四条，平常加班 150%，周末加班 200%，法定节假日加班 300% 计算。

◆ 不定时工时制下的加班工资计算

不定时工作制，也叫无定时工时制，它没有固定工作时间的限制，是针对因生产特点、工作性质特殊需要或职责范围的关系，需要连续上班或难以按时上下班，无法适用标准工作时间或需要机动作业的职工而采用的一种工作时间制度。

通常情况下，实行不定时工作制的员工，企业应采取适当的方式调整，保证员工的休息，所以企业不需要另行支付员工的加班费用。但是，实行不定时工作制的企业安排员工在法定节假日工作，是否算作加班，需实际参考各地政策。例如根据《北京市工资支付规定》第 17 条，是不算做加班的；根据《上海市企业工资支付办法》第 13 条，是算作加班的，需要支付300% 的加班工资。

◆ 计件工资制下的加班工资计算

计件工资制指按照生产的合格品的数量（或作业量）和预先规定的计件单价来计算报酬，而不是直接用劳动时间计量的一种工资制度。员工完成计件定额任务后，企业安排员工延长工作时间的，应根据计件工资制计算加班工资，但员工加班时间内的计件单价应为原单价的 150%、200%、300% 来计算。

4.1.5　员工生病请假工资该怎么算

员工因为生病导致不能继续工作，需要请假休息时，虽然员工没有正常上班，不能按时领取工资，但是在病假期间并不意味着员工就没有收入。根据我国《劳动法》的规定，员工在病假期间可以领取病假工资。病假工资指的是员工因病或伤残而缺勤期间可以获得的报酬。

员工的病假工资计算公式如下：

$$病假工资 = （计算基数 \div 21.75）\times 计算系数 \times 病假天数$$

从上式可以看出，员工病假工资的计算关键在于"计算基数"和"计算系数"两个变量的确定。对此，相关的法律法规也做出了明确的规定。

（1）病假工资的基数确定

员工病假工资的基数确定需要遵照三项原则，具体如下所示。

①劳动合同有约定的，按不低于劳动合同约定的劳动者本人所在岗位（职位）相对应的工资标准确定。集体合同（工资集体协议）确定的标准高于劳动合同约定标准的，按集体合同（工资集体协议）标准确定。

②劳动合同、集体合同均未约定的，可由用人单位与职工代表通过工资集体协商确定，协商结果应签订工资集体协议。

③用人单位与劳动者无任何约定的，假期工资的计算基数统一按劳动者本人所在岗位（职位）正常出勤的月工资的70%确定。

另外，按以上三个原则计算的假期工资基数均不得低于当地规定的最低工资标准。

（2）员工病假工资的系数确定

确定员工病假工资的系数时需要结合员工病假的期限。员工病假根据请假的时间长短划分，分为短期病假和长期病假。

◆ 短期病假

员工疾病或非因工负伤连续休假在六个月以内的为短期病假，企业应按下列标准支付疾病休假工资。

①连续工龄不满两年的，按本人工资的60%计发。

②连续工龄满两年不满四年的，按本人工资的70%计发。

③连续工龄满四年不满六年的，按本人工资的80%计发。

④连续工龄满六年不满八年的，按本人工资的90%计发。

⑤连续工龄满八年及以上的，按本人工资的100%计发。

◆ 长期病假

职工疾病或非因工负伤连续休假超过六个月的为长期病假，由企业支付疾病救济费。

①连续工龄不满一年的，按本人工资的 40% 计发。

②连续工龄满一年不满三年的，按本人工资的 50% 计发。

③连续工龄满三年及以上的，按本人工资的 60% 计发。

此外，针对员工病假后仍然不能继续在原岗位正常上班的情况，我国的相关法律也做出了明文规定。

①请长病假的职工在医疗期满后，能从事原工作的，可以继续履行劳动合同；医疗期满后仍不能从事原工作也不能从事由单位另行安排的工作的，由劳动鉴定委员会参照工伤与职业病致残程度鉴定标准进行劳动能力鉴定。被鉴定为一至四级的，应当退出劳动岗位，解除劳动关系，办理因病或非因工负伤退休退职手续，享受相应的退休退职待遇；被鉴定为五至十级的，用人单位可以解除劳动合同，并按规定支付经济补偿金和医疗补助费。

②劳动者患病或者非因工负伤，经劳动鉴定委员会确认不能从事原工作，也不能从事用人单位另行安排的工作而解除劳动合同的，用人单位应按其在本单位的工作年限，每满一年发给相当于一个月工资的经济补偿金。

4.1.6　不要忘记个税扣除

个人所得税是调整征税机关与自然人（居民、非居民）之间在个人所得税的征纳与管理过程中所发生的社会关系的法律规范的总称。缴纳个人所得税是每个公民应尽的义务，但不是所有人都需要缴纳个人所得税的。

哪些员工需要缴纳，且需要缴纳个人所得税的员工需要缴纳多少呢？这是企业和员工都需要重点关注的内容。简单总结下来，个人所得税主要包括以下几个要点。

（1）个人所得税起征点

个人所得税起征点确定为每月 5 000 元。新个税法规定：居民个人的综合所得，以每一纳税年度的收入额减除费用六万元以及专项扣除、专项附加扣除和依法确定的其他扣除后的余额，为应纳税所得额。

专项附加扣除指的是，在计算综合所得应纳税额时，除了 5 000 元起征点和"三险一金"等专项扣除外，还允许额外扣除的项目，如子女教育、继续教育、大病医疗、住房贷款利息或住房租金，以及赡养老人等专项附加扣除等六项费用。

应纳税所得额 = 每一纳税年度的收入额 −6 万元 − 专项扣除 − 专项附加扣除

（2）个人所得税计算

国家以 5 000 元作为个人所得税的起征税点，超过部分如何计算呢？表 4-3 为最新工资个人所得税税率表。

表 4-3　最新工资个人所得税税率表

工资范围	免征额	税率
5 000 元以下	5 000 元	0
5 001 元～ 8 000 元	5 000 元	3%
8 001 元～ 17 000 元	5 000 元	10%
17 001 元～ 30 000 元	5 000 元	20%
30 001 元～ 40 000 元	5 000 元	25%
40 001 元～ 60 000 元	5 000 元	30%
60 001 元～ 85 000 元	5 000 元	35%
85 001 元以上	5 000 元	45%

因此，个人所得税计算如下：

月工资处于 5 001 ~ 8 000 元之中，计算方式为个人所得税＝（月工资－5 000）×3%。

月工资处于 8 001 ~ 17 000 元之中，计算方式为个人所得税＝（8 000－5 000）×3%+（月工资－8 000）×10%。

月工资处于 17 001 ~ 30 000 元之中，计算方式为个人所得税＝（8 000－5 000）×3%+（17 000－8 000）×10%+（月工资－17 000）×20%。

月工资处于 30 001 ~ 40 000 元之中，计算方式为个人所得税＝（8 000－5 000）×3%+（17 000－8 000）×10%+（30 000－17 000）×20%+（月工资－30 000）×25%。

月工资处于 40 001 ~ 60 000 元之中，计算方式为个人所得税＝（8 000－5 000）×3%+（17 000－8 000）×10%+（30 000－17 000）×20%+（40 000－30 000）×25%+（月工资－40 000）×30%。

月工资处于 60 001 ~ 85 000 元之中，计算方式为个人所得税＝（8 000－5 000）×3%+（17 000－8 000）×10%+（30 000－17 000）×20%+（40 000－30 000）×25%+（60 000－40 000）×30%+（月工资－60 000）×35%。

月工资处于 85 001 及以上，计算方式为个人所得税＝（8 000－5 000）×3%+（17 000－8 000）×10%+（30 000－17 000）×20%+（40 000－30 000）×25%+（60 000－40 000）×30%+（85 000－60 000）×35%+（月工资－85 000）×45%。

（3）个人所得税专项扣除和专项附加扣除不同

很多人对个人所得税专项扣除和专项附加扣除理解不多，甚至将二者混为一谈。其实，两者虽然名字上比较相似，内容却大有不同。

从概念上来看，专项扣除，包括居民个人按照国家规定的范围和标准缴纳的基本养老保险、基本医疗保险、失业保险等社会保险费和住房公积金等。而专项附加扣除指的是，在计算综合所得应纳税额时，除了5 000起征点和"三险一金"等专项扣除外，还允许额外扣除的项目，包括子女教育、继续教育、大病医疗、住房贷款利息或者住房租金、赡养老人等支出。

专项附加扣除项的设立，实际上是在"基本减除费用标准5 000元 / 月 + 五险一金免税额 + 依法确定的其他扣除"的基础上，再给居民个人增加了免税额。也就是说员工的月工资扣除社保，再扣除这些专项扣除费用，之后剩余金额再纳税。

根据《个人所得税专项附加扣除暂行办法》规定，专项附加扣除标准如下：

◆ **子女教育**：按照每个子女每月1 000元的标准定额扣除。

◆ **继续教育**：学历（学位）继续教育每月扣除400元；职业资格继续教育取得相关证书可扣除3 600元 / 年。

◆ **大病医疗**：每年1月1日至12月31日，与基本医保相关的医药费用，扣除医保报销后个人负担（指医保目录范围内的自付部分）累计超过15 000元的部分，在不超过8万元的限额内，可以据实扣除。

◆ **住房贷款利息**：在实际发生贷款利息的年度，按照每月1 000元的标准定额扣除，扣除期限最长不超过240个月。

◆ **住房租金**：直辖市、省会（首府）城市、计划单列市以及国务院确定的其他城市为每月扣除额度1 500元；除上述城市以外的，市辖区户籍人口超过100万人的城市是每月1 100元；除上述城市以外的，市辖区户籍人口不超过100万人（含）的城市每月800元。

◆ **赡养老人**：纳税人为独生子女的，每月可扣除2 000元；纳税人为非独生子女，可以兄弟姐妹分摊每月 2 000 元的扣除额度，但每人分摊的额度不能超过每月 1 000 元。

可以说，国家对个人所得税专项附加政策的推出，很大程度上减轻了纳税人的负担，尤其是工薪阶层，他们是六项专项附加扣除的主要受益人。专项附加扣除政策能够减轻他们在教育、住房以及养老方面的经济负担。

4.2 重视员工的基本福利——五险一金

五险一金是我国最基本的一项社会保障制度，也是员工的一项基本福利，它通过企业和员工共同缴费的方式对员工的基本生活进行保障，使员工能够病有所医、老有所养、弱有所扶、住有所居。

4.2.1 五险一金的具体内容

我们常常听到"五险一金"，但是有很多人并不知道五险一金的具体内容有哪些，有什么意义。实际上，五险一金指用人单位给予劳动者的几种保障性待遇的合称，包括养老保险、医疗保险、失业保险、工伤保险和生育保险以及住房公积金。

"五险"对应五个险种，各司其职，分别对职工因年老、失业、工伤、生育、患病而减少劳动收入时给予经济补偿待遇，使职工在困难时依然具有基本的生活保障。图 4-3 为五险一金。

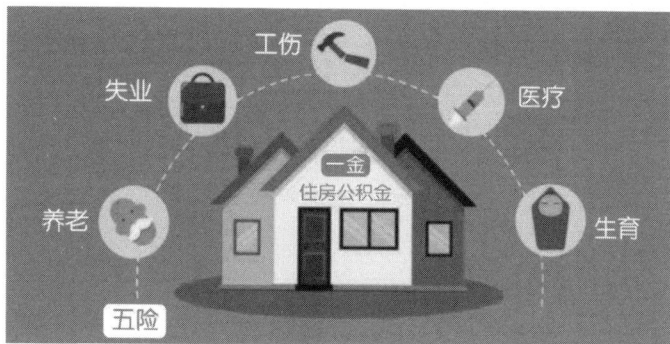

图 4-3　五险一金

从图 4-3 可以看到，住房公积金是核心，它的作用在于帮助员工安家，而五险则是通过生育、医疗、工伤、失业和养老五个方面为家筑起了一道保护伞，让员工的生活能够更有保障。

下面我们来看五险一金的具体作用。

◆ 住房公积金

住房公积金主要是为职工解决各类住房问题，每月按照比例缴纳一定的费用到指定账户中，在特定情况下才能取出，例如租房、盖房、装修。职工贷款买房时，住房公积金能带来低首付、低利率的优势。如果职工的住房公积金一直没有取出，那么退休时可以一次性全部取出养老。

◆ 生育保险

生育保险主要是针对女性职工，指女性职工在生育期间不得不中断劳动时，由国家和社会提供津贴、产假和医疗服务的社会保险。另外，需要注意的是，无论女职工的妊娠情况如何，都可以按照规定得到应得的补偿，即包括流产、引产等意外情况。

对于男性职工，生育保险可以休带薪产假。若配偶没有参加职工医保、居民医保，而男性职工已经缴满 10 个月的生育保险，则生育医疗费用按"在职女职工"费用标准的 50% 享受。

◆ 工伤保险

工伤保险即员工在工作期间受伤，或在某些特定的环境下，遭遇意外或患上职业病，导致暂时或永久丧失劳动能力甚至是死亡时，获得的相应的医疗救助和经济性补偿。

工伤保险主要是对员工工伤范围的划定，具体如下所示。

①在工作时间和工作场所内，因工作原因受到事故伤害的。

②工作时间前后在工作场所内，从事与工作有关的预备性或者收尾性工作受到事故伤害的。

③在工作时间和工作场所内，因履行工作职责受到暴力等意外伤害的。

④患职业病的。

⑤因工外出期间，由于工作原因受到伤害或者发生事故下落不明的。

⑥在上下班途中，受到机动车事故伤害的。

⑦法律、行政法规规定应当认定为工伤的其他情形。

◆ 失业保险

失业保险指员工在工作过程中或者在某特定环境下遭遇意外，又或者患上职业病导致暂时或永久丧失劳动力甚至死亡时，本人或本人遗属可以从国家和社会获得物质帮助的一种社会保险制度。

但是失业金领取时需要满足以下三个条件。

①失业前用人单位已经为员工缴纳失业保险累计满一年的。

②非因本人意愿中断就业的。

③已经办理失业登记，并有求职要求的。

其中需要重点理解的是第2点"非因本人意愿中断就业"，即如果是企业破产倒闭产生的失业，可以领取失业金，但如果是跳槽或主动辞职造成的失业，则不能领取。

对于失业保险金的领取也有明确的规定，具体如图4-4所示。

1. 按月领取的失业保险金，领取期限有以下规定：缴费 1~5 年，最长领 12 个月；缴纳 5~10 年，最长领 18 个月；缴费 10 年以上，最长领 24 个月。

2. 享受失业保险金期间的医疗补助，住院可以报销医疗费用。

3. 失业人员若在领取失业保险金期间死亡，遗属可以领取丧葬补助金和家属抚恤金。

4. 领取的额度各地有不同的标准，通常为失业保险关系所在地最低工资标准的 70% 到 90%。

图 4-4   失业金领取规定

◆ 医疗保险

医疗保险主要用于员工日常看病吃药，它分为两个部分，即个人缴纳部分和企业缴纳部分。个人缴纳的部分会存到个人账户中，类似于银行卡，看病吃药可以直接刷卡，但是不能取现。

企业缴纳的部分进入了统筹基金，当出现生大病的情况时，就可以通过医疗保险进行部分报销。

◆ 养老保险

养老保险指劳动者达到法定年龄后就可以在社会保险部门指定的地方领取养老金，用以保障退休之后的基本生活。

但是需要满足一定条件，首先退休前养老保险要交满 15 年，如果不够 15 年则不能领取。但是个人交的部分会退还到个人，而公司交的部分则不能领取。另外，职工还要达到法定的退休年龄，并且已经办理退休手续才可以。

需要注意的是，交满 15 年并不是只交 15 年。15 年是退休后享受养老金待遇的最低年限要求，缴费时间的长短会直接影响退休后养老金的领取额度，所以缴费的时间越长，退休后领取的费用也就越多。

此外，达到法定退休年龄时累计缴费不足 15 年的，可以缴费至满 15 年后按月领取基本养老金，也可以转入新型农村社会养老保险或是城镇居民社会养老保险，按照国家规定享受相应的养老保险待遇。

职工退休后可以享受的养老待遇如下所示。

①按月领取养老金。

②死亡后，遗属可以领取丧葬补助金和抚恤金。

③参与每年的养老保险待遇上涨（为了应对通货膨胀，国家建立了养老金的调整机制，每年提高养老保险的待遇水平）。

4.2.2　了解缴费基数的有关规定

缴纳员工个税之前，管理者还需要了解国家社会保险缴费基数，即基数是怎么确定的，有哪些规定。

我国的各项社会保险费的缴费基数是按照员工个人上月工资（或上一年月平均工资）确定的，职工工资按照国家统计部门规定的列入工资总额统计的项目确定。

①职工工资收入高于当地上年度职工平均工资 300% 的，以当地上年度职工平均工资的 300% 为缴费基数。

②职工工资收入低于当地上一年职工平均工资 60% 的，以当地上一年职工平均工资的 60% 为缴费基数。

③职工工资在当地上一年职工平均工资的 60% ~ 300%，按实申报。职工工资收入无法确定时，其缴费基数按当地劳动行政部门公布的当地上一年职工平均工资为缴费工资确定。

每年社保都会在固定的时间（3 月或者 7 月，各地不同）核定社保基数，并发布最新的最低基数和最高基数。一般而言，企业帮员工缴纳的都是最低基数的社保，当然也有些企业会根据上一年度岗位的平均工资作为基数为员工缴纳社保。

管理者可以根据最新的发布时间，从当地的社保局查询最新的社保基数，也可以通过第三方软件查询全国的社保基数。

4.2.3　社保的缴费比例弄清楚

社保缴费由员工个人缴费和企业缴费两部分组成，但是很多管理者，以及新生代员工并不清楚这是怎么一回事儿，更不清楚自己应该缴纳的比例是多少。

社保缴费的比例中，企业与职工个人的占比是不同的，且各项保险的比例也不同。

企业缴纳社保费的比例为：养老保险18%；医疗保险8.8%；生育保险1.5%；失业保险0.7%；工伤保险依据行业分类共分为八类，分别是0.1%、0.2%、0.35%、0.45%、0.55%、0.65%、0.8%、0.95%。

职工社会保险的缴费比例为养老保险8%；医疗保险2%；失业保险0.3%，其中农村户籍职工个人是不缴费的。生育保险、工伤保险是单位缴纳，个人不缴。

4.2.4　如何为员工办理社保

企业给员工缴纳社保是国家法律的规定，也是企业应该遵循的义务，在员工入职签订《劳动合同》之后就应该立即为员工办理社保开户，及时缴纳足额保费。企业为员工办理社保保费缴纳分为两种情况。

（1）新员工首次参保

新员工首次参保指之前没有参加过社保，没有社保卡的员工，需要经历以下四个步骤。

①管理者应该先登录当地的社会保险网上经办系统，进入本单位添加新员工的信息，然后申办社保账户，此时系统会自动为新员工生成一个社保保障号和社保编码。

②完善新员工的个人基础信息和就职信息，保存录入的数据，然后执行打印操作，便可下载××社会保障卡申办登记表。

③将新员工提供的身份证复印件进行裁剪，并将正反面粘贴到××社会保障卡申办登记表的相应栏次内，完善表格信息的填写。

④将填写好的××社会保障卡申办登记表提交到当地的社保局，由社保局工作人员审核，通过后即可为员工领取社会保障卡，随后每月定期缴费扣款即可。

（2）已参保过的新员工

已参保过的新员工指新进员工之前在其他地方已经办理过社保了，此时管理者需要做以下三项操作。

①企业管理者先登录当地的社会保险网上经办系统，进入本单位添加新员工的信息。

②信息填写完毕后，系统会自动识别该员工在本单位办理了社保登记，企业就可在规定的时间内为新员工办理缴纳社保费的事宜。

③注意，此时新员工已经有社会保障卡了，企业无须再打印下载××社会保障卡申办登记表。若员工之前参保的地点不在本市，则还需要去本地的社保大厅修改社保卡的归属地。

4.3 **企业福利多，工作更有劲**

一家企业的福利情况能够侧面反映出企业的文化，尤其是一些特色的福利政策更会对员工起到吸引作用，从而为企业留住人才。对于新生代员工较多的企业要注重企业的福利设计，一些新奇的、有创意的、巧妙的福利政策更容易吸引他们。

4.3.1 常见的福利类型

员工福利是企业薪酬管理的重要内容，它指企业向员工提供的非货币待遇，以达到提高和改善员工生活水平的目的，这也是提供生活便利，丰富精神和文化生活目的的一种方式。

我们前面介绍的"五险一金"也属于企业福利的一种，但它是国家规定的法定福利。除此之外，还有许多其他的福利。根据福利的内容形式可以将福利分为以下几种类型。

◆ **法定福利**：根据国家规定要求企业为员工提供的，例如社会养老保险、社会失业保险、社会医疗保险、工伤保险和生育保险等。

◆ **节日福利**：企业在特殊节日为员工准备的节日礼物，除了传统的春节、中秋、端午之外，还有一些企业会在情人节、七夕等节日为员工准备节日礼物作为福利。

◆ **生日福利**：员工生日当天收到的企业祝福，一般为生日礼金、生日礼物或生日会等。

◆ **健康体检**：企业为员工准备的一年一度的常规体检，预防疾病。

◆ **交通福利**：企业为离家较远的员工提供的交通福利，一般为交通补助，或者公司专车接送上下班。

◆ **住房福利**：住房福利是企业为员工提供的住房补贴，在住房福利中通常以员工的职称、级别和工龄作为福利分发的考虑因素，住房福利的标准也存在较大的差异，有的企业是为员工提供住房贷款，有的则是提供员工宿舍。

◆ **餐补福利**：企业为员工提供餐饮补贴，或者为员工免费提供午餐。

我们从上面可以了解到，企业提供的员工福利种类丰富，涉及员工生活的方方面面，为员工的生活提供便利和实惠。

4.3.2 如何设计员工福利

通过前面的介绍，我们知道了各种丰富的员工福利类型，但是管理者需要知道的是员工福利并不是越多越好的，只有让员工感到幸福、满足的福利，才是真正的好福利。因此，管理者在福利设计时应该注意弹性，也就是弹性福利设计，使福利更具针对性，面对不同年龄、不同需求的员工，提供差异化的福利，让员工能够选择自己称心的福利。

弹性福利指企业确定对每个员工福利的投入的前提下，由员工在福利菜单中选择适合自己的福利，因此也叫菜单式福利。这样企业既控制了总体成本，又使得投入的每一分钱效用最大化。弹性福利在很大程度上解决了企业成本管理和员工满意度的矛盾。

例：员工杨女士，37岁，工龄10年，月薪8 000元，女儿7岁，部门主管。

福利内容：家属体检＋游乐园门票＝1 500元。

例：员工李先生，28岁，工龄3年，月薪5 000元，未婚租房，白领。

福利内容：住房补贴＋电影卡＋景区门票＝1 500元。

上述例子中同样价值1 500元的福利，可福利的内容却不同，因为该企业在设计员工福利时考虑到了员工的年龄、家庭情况和生活情况，设计出了弹性福利，以便更适应员工的需求。

设计员工福利时管理者要明白，通常员工的福利体系由三个部分组成，如图 4-5 所示。

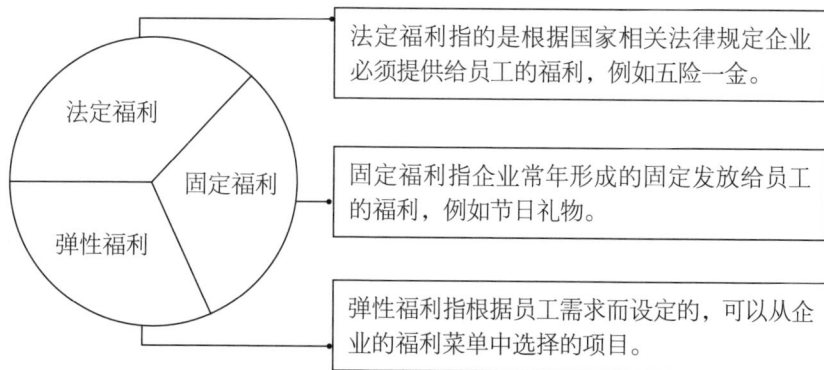

法定福利指的是根据国家相关法律规定企业必须提供给员工的福利，例如五险一金。

固定福利指企业常年形成的固定发放给员工的福利，例如节日礼物。

弹性福利指根据员工需求而设定的，可以从企业的福利菜单中选择的项目。

图 4-5　员工福利结构

其中弹性福利是福利体系的核心内容，弹性福利设计的关键在于掌握员工需求、弹性福利的额度、弹性福利的项目设计和弹性福利模式设计。

◆ 了解员工需求

员工的福利需求是弹性福利设计的前提，只有在充分了解了员工需求的前提下设计的福利项目，才能真正符合员工心意。那么应该如何了解员工的需求呢？可以从以下几个方面入手。

①急员工所急。福利如果能够为员工解决一些实际性的困难，而不是一些可有可无的奖品，必然更易得到员工的喜爱。因此，管理者应该量体裁衣，切实了解员工当前的一些困难，例如部分员工离公司较远，可以提供报销车费、报销油费，或者是公司考虑专车等福利。

②深入了解员工个人情况，挖掘真实的福利需求。每一位员工的个人情况都不同，已婚、已育、未婚这些不同的情况，都会使员工产生不同的福利需求。所以管理者应该深入了解和观察，再结合实际情况制订出合理

的福利计划。

③收集整理员工的福利想法。员工的福利，员工自己最有想法，也最知道什么样的福利是自己需要的，所以企业可以通过员工福利调查表，收集整理员工的福利想法，再结合福利的额度筛选设计出适合员工的福利项目。

◆ 弹性福利的额度

弹性福利除了在福利内容上要体现出弹性之外，通常在福利额度上也会体现出弹性。弹性福利的额度是弹性福利项目所对应的总额度。不同薪酬级别的员工对应的弹性福利额度大小也不同，薪酬级别越高的员工，弹性福利总额度也越高。

员工根据弹性福利总额度选择适合自己的弹性福利项目，但所有福利项目的总额度不能超过本岗位所对应薪级的弹性福利的额度。

但是，在设计弹性福利额度时要注意以下几个问题。

①福利是企业给予员工的集体福利和补贴，目的在于保证员工身体健康，利于员工工作和生活，以实惠员工为主。因此在弹性福利额度的设置中可以有薪酬级别的差异，肯定薪酬级别高的员工对企业的付出，但各薪级对应的弹性福利额度差异不应该过高。

②弹性福利的薪酬额度差异应该根据员工的岗位薪酬级别以等差数列的方式进行设计，比较合理。

③弹性福利的额度应该在企业的福利成本范围之内，不能为了提高员工的福利满意度而刻意提高福利额度，增加企业的经济负担。

◆ 弹性福利的项目设计

员工的福利项目设计主要是围绕员工的工作、生活和健康来进行设计，站在员工的角度思考什么样的项目更能得到员工的支持，如图4-6所示。

医疗保险、体检、 **健康** → ← **工作** 茶水间、下午茶、
意外伤害保险、补 餐补、交通补贴、
充医疗等 电话补贴等

员工宿舍、住房补 **住房** → ← **健身** 健身房、运动会、
贴、购房贷款等 健身卡、户外拓展
训练等

带薪年假、节日慰 **假期** → ← **学习** 培训课程、素质拓
问、节日活动等 展、海外学习等

婚假、婚礼慰问金、 **特殊期** → ← **养老** 养老保险、企业年
产假、陪产假、产 金等
前检查假等

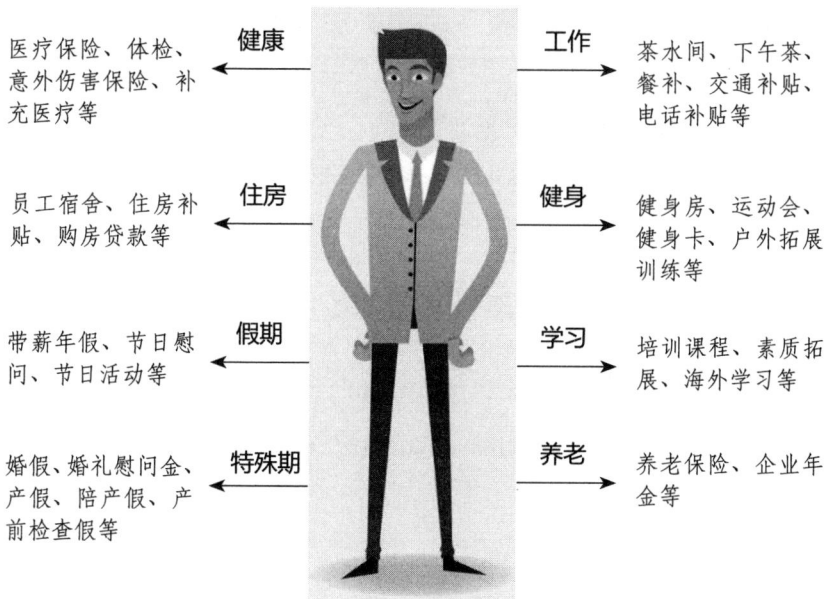

图 4-6　员工福利项目

◆ 弹性福利模式设计

弹性福利模式设计指企业设计出了福利项目之后，还要对其进行福利组合，每一个组合所包含的福利项目不同，员工可以进行自由选择。常见的弹性福利模式有三种类型。

①"核心＋自选"模式。核心部分是固定的福利项目，由企业统一安排，每位员工都有，自选部分由员工在福利预算范围内自行选择。

②"套餐"模式。企业将各种福利项目进行组合分配成为几种套餐，员工可以自行选择适合的套餐。

③"全自助"模式。全自助模式是员工自由度最高的一种弹性福利模式，指企业提供不同种类、不同标准的福利项目，员工根据自己的实际需要在福利预算范围内自行选择需要的福利项目。

至此，员工的弹性福利设计完成。可以看到，弹性福利的设计确实为企业的管理增加了难度，由于员工的需求是不同的，所以自由选择大大增

加了企业具体实施福利的种类，从而增加了统计、核算和管理的工作量，还会增加福利的管理成本。

但是满足弹性福利更适合新生代员工，更能够满足他们对福利多样化和个性化的需求，使福利能够真正受惠于员工，提高员工的满意度。

4.3.3 适合新生代员工的福利项目介绍

新生代员工个性张扬，更自我，所以更喜欢一些有个性的、有趣的福利项目，下面我们来看一些比较个性的，更受新生代员工青睐的福利项目类型。

◆ 旅游团建福利

旅游对部分有家庭或有孩子的中老年员工来说比较辛苦，一是出门在外不方便，二是跋山涉水，长时间奔波的户外旅行身体比较疲劳。对于新生代员工却比较有意思，一方面他们精力充沛，另一方面他们喜欢新事物，尤其是户外旅游。

案例实操 公司旅游团建活动安排

为了缓解员工工作压力，使大家能以更好的状态投入工作当中，同时为了增进员工之间的感情，营造团结、积极向上的企业文化，特开展本次团建活动。

一、出游地点

地点：××山

时间：2020 年 8 月 20 日

二、时间安排

7:50 ~ 8:00 公司门口集合，8:00 准时出发。

8:00 ~ 9:30 全程 80 公里，约 1.5 小时车程。

9:30 ～ 13:00 到达景区门口，团队窗口购票，入园游玩。

13:00 ～ 14:30 景区就餐。

14:30 ～ 16:00 自由活动时间，可结伴游玩、横幅拍照。

16:00 ～ 17:30 清点人数后返程。

三、车辆安排

车辆：××××，司机：××

四、物资准备

饮用水两箱、横幅、创可贴、防暑降温药品。

五、活动安排

7:50 在公司北门口集合，清点人数后 8:00 准时出发，9:30 到达 ×× 山。×× 山可参观不收费，有特色古街古镇、各色小吃，可提前在 ×× 山预约餐厅。

步行 10 分钟到达运动公园，在运动公园门口购票后，全场项目通玩，包括滑索过涧、缅甸桥、抽板过河、浮桩桥、凌空漫步、飞夺泸定桥、水上飞、携手并进、弹琴过涧、悠悠桥、飞檐走壁、独木桥、通天路、高空滑索等 17 个项目。游玩过程中有安全员陪同，请挂好绳索，系好安全带。

14:30 ～ 16:00 自由活动时间，大家可自由参观游览，16:00 游玩结束，清点人数后返程。

◆ 零食下午茶福利

一直以来，下午茶都是很多公司员工福利中比较重要的部分，毕竟忙碌了半天难免有些疲累，如果这个时候能够喝点下午茶或者来点零食，补充一下大脑所需要的营养，放松一下紧张的工作压力，不失为一种补充精力、应对工作更积极的方法。

虽然很多公司的下午茶时间没有固定的时间段，也没有固定的茶水间，但员工想法很简单，就是想在一个舒适的工作环境开心工作，在工作中得到乐趣，而下午茶福利在很大程度上提供了员工们放松的条件。

案例实操 公司下午茶活动设计

为体现对员工的关怀，缓解员工紧张的工作节奏，培养大家的团队凝聚力及合作能力，调动整体的积极性，公司决定举行下午茶交流活动，让大家有一个互相交流的平台。让员工充分展现自我，在活动的过程中认知自我及企业大家庭的氛围，并在这种轻松愉快的环境及气氛下得到良好的放松，同时获得更佳的状态投入到工作当中。

一、活动名称

轻松时刻——下午茶"慢时光"。

二、活动时间

周一至周五每天下午 16:00 ～ 16:30。

三、活动形式

每天下午茶时间，员工到茶水间坐一坐，选用一些水果，一些零食甜点来获得感官上的满足，同时放松身心与同事交流，享受闲适时光，分享快乐生活。

1. 下午茶餐饮准备

（1）自助式下午茶，如自制水果沙拉、咖啡等。

（2）分享式下午茶，大家可以带土特产或自己做的小点心来分享，拉近同事之间的联系。

2. 下午茶活动主题

每周选定十三层一个部门一名员工轮流主持，带领大家一同分享、交流、互动，也可由员工自荐主持分享主题。

四、活动地点

十三层茶水间。

五、参加人员

如无特殊情况或工作需求，十三层员工一起参与互动。

六、费用预算

每周参加人员按5元/人的标准购买水果、糕点等，每周所需费用：$5×27×5=675$（元）。根据活动主题若有其他活动，费用另计。

◆ 健身房福利

新生代员工更注重自己的健康和形体，许多新生代员工都有办健身卡健身的习惯，如果公司能够为员工提供健身房健身福利，让员工在工作之余可以休闲健身，必然能得到员工的支持。

企业利用部分空间，购买或租赁的形式添置一定的健身设备，这就是企业的健身房。企业健身房的设置非常简单，带来的结果却是显著的，具体内容如下所示。

①企业设置健身房，说明企业关注员工身体健康和精神面貌。

②健身房能够让员工保持活力，增强积极性，也能增强归属感和凝聚力。

③能够提高员工的工作效率。

④减少员工的医疗支出。

◆ 购买商业保险

虽然现在企业的员工都有"五险一金"，但是社保与商业保险彼此并不冲突，而且商业保险还会增加员工的保障系数。企业将商业保险作为员工的一项福利待遇，可以保障员工的人身健康安全，还可以提高员工工作的积极性。另外，为员工投保商业保险还能够减轻企业的经济负担。

企业为员工投保商业保险需要结合企业的财务状况和员工的实际需求来选择。一般来说，企业为员工购买的商业保险类型主要有四种，见表4-4。

表4-4　员工商业保险类型

险　　种	内　　容
团体意外险	主要防范意外类风险，包含意外伤害、意外医疗、交通意外和意外住院津贴
团体寿险	主要防范身故类风险，包含一年定期寿险、定期寿险和终身寿险
团体健康险	主要防范健康类风险，包含重大疾病保险、补充住院、住院津贴和补充门急诊
团体养老保险	主要为员工提供养老保障，包含分红险、万能险、投连险

◆　住房补贴福利

随着房价的日益高涨，员工也面临房租的困难，尤其是在一线城市中，新生代员工财富积累时间短，想要拥有一个属于自己的容身之所却往往难以实现。所以，有的企业为了留住优秀员工，针对这一现象提出各种各样的房屋租住关怀策略。同时，住房福利也成为员工选择企业的一项重要指标。

有的企业会为员工提供宿舍减轻租房压力，有的企业会提供住房补贴，或是向员工提供无息借款购房福利。

第5章

关怀措施
重视员工的健康问题

现代员工普遍工作压力较大，竞争激烈，使得员工身心健康问题日渐突出。员工身心健康的状态对企业的持续发展具有重要意义。因此，企业应当重视员工的健康问题，采取相应的关怀措施。

5.1 身体健康才能更投入地工作

一个好的身体是员工专心、放心工作的前提，作为管理者应当对员工的健康问题及时予以关注和重视，积极采取应对措施，及早预防可能出现的各类健康问题。

5.1.1 员工健康管理的重要性

现代企业的管理越来越全面，从员工的入职培训，到员工的在职管理、绩效考核以及薪酬管理，抑或是员工的离职管理等，都呈现出专业化和规范化的特点。但是，很多企业对员工健康状况的关注程度不够，甚至部分管理者认为这属于员工的个人隐私。

实际上，员工的健康管理对企业有着重大影响。首当其冲便是员工的健康情况会直接影响员工的考勤和流动，从而影响企业的正常运营，其中核心员工若出现健康问题则可能会给企业带来重大的负面影响。

另外，员工健康管理对企业有很多积极的作用，具体如下：

①一家重视员工健康的企业更能吸引和留住优秀员工，减少员工流失率。因为企业对员工健康情况的关注表现出了企业对员工的爱护和关怀，也能让员工感受到企业互助的文化。

②做员工健康管理的企业，员工的精神面貌普遍更佳，身体更好，员工的全勤率也更高，能够有效提高员工的劳动生产率。

③员工健康管理之后，员工自身患病概率降低，也在一定程度上减少了疾病开支，减少了经济损失。

5.1.2　员工健康管理的内容

员工健康管理属于企业管理的一项行为，它通过企业自身或与第三方医疗机构合作，对员工的健康状况进行跟踪、评估，以便维护员工的身心健康。员工健康管理的主要内容如图 5-1 所示。

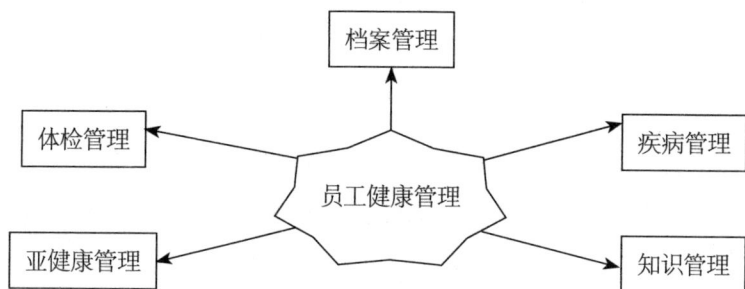

图 5-1　员工健康管理内容

◆ 档案管理

员工健康档案管理主要是完整地记录员工的个人健康状况，为掌握员工真实的健康状况提供详细的信息，也为管理者加强员工管理，合理调整员工岗位做好准备。

员工健康档案管理包括：①员工历史医疗的资料收集、整理和建档；②员工健康状况动态的跟踪和记录；③疾病治疗方案及效果评估存档。

◆ 体检管理

现在很多企业都会安排员工体检，但如果员工的体检管理工作不到位，就会使员工体检流于形式，不能真正起到健康管理的作用。

员工体检管理主要包括：①体检项目制定，针对不同年龄、不同性别、不同岗位以及不同身体状况的员工，制定合理的体检项目；②安排固定的时间做健康检查，例如新员工入职体检、员工年度体检；③健康报告由保健专家撰写并评估，指导保健计划，并纳入健康管理内容。

◆ 疾病管理

针对企业中的疾病员工，管理者需要对其做出对应的管理安排，帮助员工尽快恢复健康。具体内容包括：①汇总员工的疾病诊疗档案，为后续的就医治疗准备好详尽资料；②结合企业的实际情况给员工提供就医帮助；③指导和跟踪员工治疗医嘱的执行情况，并在实际工作中给予适当的协助；④非传染性慢性疾病建档管理，重要疾病重点观察和记录。

◆ 亚健康管理

亚健康是当前在员工中比较常见的一种身体状况，它介乎健康与疾病之间。由于处于亚健康的人只会出现轻度的不适症状，且没有明显的病理特征，所以往往容易被人们忽略，从而引发更严重的后果。

管理者需要就员工的亚健康状况提前做出管理，积极预防保健，守护员工健康。具体内容包括：①针对体检异常指标制订管理计划，并跟踪实施效果；②综合分析影响健康的危险因素，有重点、有步骤地实施预防计划；③定期安排保健专家见面咨询，及时了解健康的最新动态；④适时安排流行病预防接种。

◆ 知识管理

除了企业和管理者重视之外，员工个人也需要引起重视，才能让健康管理达到事半功倍的作用。这就需要管理者对员工做健康知识管理，宣传健康的相关知识，包括健康咨询和指导等。

事实上，很多企业都有做员工健康管理，只是在内容上并不全面，使得管理收效甚微。因此，管理者应积极健全员工健康管理制度，优化内容。

5.1.3 预防职业病，让员工无忧工作

"职业病"从名字上可以理解，指员工在长期工作过程中，形成的病变。

例如司机，长期开车导致腰椎间盘突出。这里，我们首先需要理清两种职业病，即"法定职业病"和"职业性疾病"。根据国家法律的规定，诊断为法定职业病的患者，在治疗休息期间，以及确定为伤残或治疗无效而死亡时，按照国家有关规定，享受工伤保险待遇或职业病待遇，而职业性疾病是不能享受这些待遇的。

法定职业病和职业性疾病的区别在于是否得到法律确认。一般来说，只有符合上述法律规定的疾病才能称为职业病，才能享受相应的待遇。如"职业性尘肺"和"职业化学中毒"，都是"法定职业病"。

法定职业病的范围，在 2013 年 12 月 23 日，原国家卫生和计划生育委员会、人力资源和社会保障部、原国家安全监管总局、全国总工会四部门联合印发的《职业病分类和目录》中，对职业病的范围做出了明确的规定，包括：职业性尘肺病及其他呼吸系统疾病、职业性皮肤病、职业性眼病、职业性耳鼻喉口腔疾病、职业性化学中毒、物理因素所致职业病、职业性放射性疾病、职业性传染病、职业性肿瘤、其他职业病共 10 类 132 种。

了解了职业病之后，还要对职业病的预防管理做相应的了解。我国《中华人民共和国职业病防治法》对此做出了明确的规定。我国的职业病防治工作坚持预防为主、防治结合的方针，实行分类管理、综合治理。劳动者依法享有职业卫生保护的权利。用人单位负有以下义务：依法参加工伤社会保险；为劳动者创造符合国家职业卫生标准和卫生要求的工作环境和条件，保障劳动者获得职业卫生保护；建立、健全职业病防治责任制，加强对职业病防治的管理，对本单位产生的职业病危害承担责任等。

在具体的职业病危害防治方面，包括前期预防和劳动过程中的防护与管理两个部分，如图 5-2 所示。

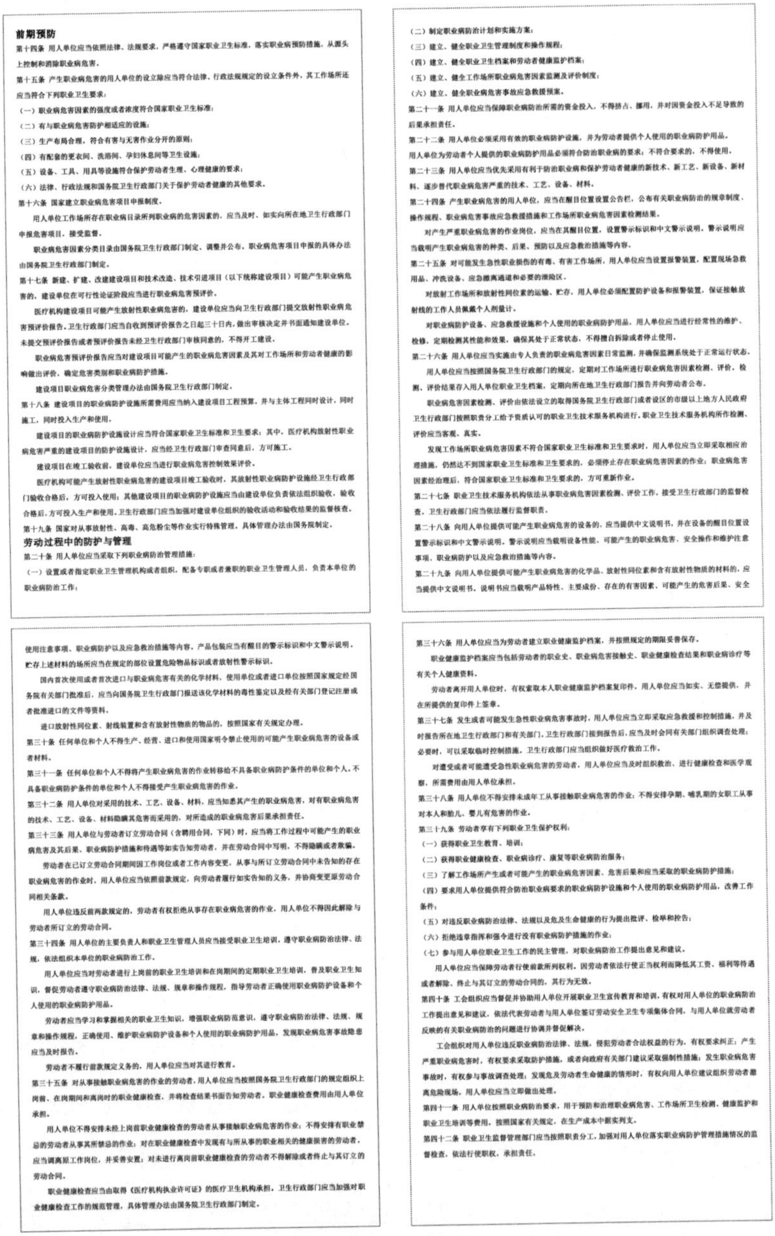

前期预防

第十四条 用人单位应当依照法律、法规要求、严格遵守国家职业卫生标准，落实职业病预防措施，从源头上控制和消除职业危害。

第十五条 产生职业病危害的用人单位的设立除应当符合法律、行政法规规定的设立条件外，其工作场所还应当符合下列职业卫生要求：

（一）职业病危害因素的强度或者浓度符合国家职业卫生标准；

（二）有与职业病危害防护相适应的设施；

（三）生产布局合理，符合有害与无害作业分开的原则；

（四）有配套的更衣间、洗浴间、孕妇休息间等卫生设施；

（五）设备、工具、用具等设施符合保护劳动者生理、心理健康的要求；

（六）法律、行政法规和国务院卫生行政部门关于保护劳动者健康的其他要求。

第十六条 国家建立职业病危害项目申报制度。

用人单位工作场所存在职业病目录所列职业病危害因素的，应当及时、如实向所在地卫生行政部门申报危害项目，接受监督。

职业病危害因素分类目录由国务院卫生行政部门制定、调整并公布，职业病危害项目申报的具体办法由国务院卫生行政部门制定。

第十七条 新建、扩建、改建建设项目和技术改造、技术引进项目（以下统称建设项目）可能产生职业病危害的，建设单位在可行性论证阶段应当进行职业病危害预评价。

医疗机构建设项目可能产生放射性职业病危害的，建设单位应当向卫生行政部门提交放射性职业病危害预评价报告书，卫生行政部门应当自收到预评价报告之日起三十日内，做出审核决定并书面通知建设单位。未提交预评价报告或者预评价报告未经卫生行政部门审核同意的，有关部门不得批准该建设项目。

职业病危害预评价报告应当对建设项目可能产生的职业病危害因素及其对工作场所和劳动者健康的影响做出评价，确定危害类别和职业病防护措施。

建设项目职业病危害分类管理办法由卫生行政部门制定。

第十八条 建设项目的职业病防护设施所需费用应当纳入建设项目工程预算，并与主体工程同时设计，同时施工，同时投入生产和使用。

建设项目的职业病防护设施设计应当符合国家职业卫生标准和卫生要求，其中，医疗机构放射性职业病危害严重的建设项目的防护设施设计，应当经卫生行政部门审查同意后，方可施工。

建设项目在竣工验收前，建设单位应当进行职业病危害控制效果评价。

医疗机构可能产生放射性职业病危害的建设项目竣工验收时，其放射性职业病防护设施经卫生行政部门验收合格后，方可投入生产和使用；其他建设项目的职业病防护设施应当由建设单位依法组织验收，验收合格后，方可投入生产和使用。卫生行政部门应当加强对建设单位组织的验收活动和验收结果的监督核查，具体办法由国务院卫生行政部门制定。

第十九条 用人单位的主要负责人、高级负责人作业行负特殊管理，具体管理办法由国务院卫生行政部门制定。

劳动过程中的防护与管理

第二十条 用人单位应当采取下列职业病防治管理措施：

（一）设置或者指定职业卫生管理机构或者组织，配备专职或者兼职的职业卫生管理人员，负责本单位的职业病防治工作；

（二）制定职业病防治计划和实施方案；

（三）建立、健全职业卫生管理制度和操作规程；

（四）建立、健全职业卫生档案和劳动者健康监护档案；

（五）建立、健全工作场所职业病危害因素监测及评价制度；

（六）建立、健全职业病危害事故应急救援预案。

第二十一条 用人单位应当保障职业病防治所需的资金投入，不得挤占、挪用，并对因资金投入不足导致的后果承担责任。

第二十二条 用人单位必须采用有效的职业病防护设施，并为劳动者提供个人使用的职业病防护用品。

用人单位为劳动者个人提供的职业病防护用品必须符合防治职业病的要求；不符合要求的，不得使用。

第二十三条 用人单位应当优先采用有利于防治职业病和保护劳动者健康的新技术、新工艺、新设备、新材料，逐步替代职业病危害严重的技术、工艺、设备、材料。

第二十四条 产生职业病危害的用人单位，应当在醒目位置设置公告栏，公布有关职业病防治的规章制度、操作规程、职业病危害事故应急救援措施和工作场所职业病危害因素检测结果。

对产生严重职业病危害的作业岗位，应当在其醒目位置，设置警示标识和中文警示说明。警示说明应当载明产生职业病危害的种类、后果、预防以及应急救治措施等内容。

第二十五条 对可能发生急性职业损伤的有毒、有害工作场所，用人单位应当设置报警装置，配置现场急救用品、冲洗设备、应急撤离通道和必要的泄险区。

对放射工作场所和放射性同位素的运输、贮存，用人单位应当配置防护设备和报警装置，保证接触放射线的工作人员佩戴个人剂量计。

对职业病防护设备、应急救援设施和个人使用的职业病防护用品，用人单位应当进行经常性的维护、检修，定期检测其性能和效果，确保其处于正常状态，不得擅自拆除或者停止使用。

第二十六条 用人单位应当实施由专人负责的职业病危害因素日常监测，并确保监测系统处于正常运行状态。

用人单位应当按照国务院卫生行政部门的规定，定期对工作场所进行职业病危害因素检测、评价。检测、评价结果存入用人单位职业卫生档案，定期向所在地卫生行政部门报告并向劳动者公布。

职业病危害因素检测、评价由依法设立的取得国务院卫生行政部门或者设区的市级以上地方人民政府卫生行政部门按照职责分工给予资质认可的职业卫生技术服务机构进行。职业卫生技术服务机构所作检测、评价应当客观、真实。

发现工作场所职业病危害因素不符合国家职业卫生标准和卫生要求时，用人单位应当立即采取相应治理措施，仍然达不到国家职业卫生标准和卫生要求的，必须停止存在职业病危害因素的作业；职业病危害因素经治理后，符合国家职业卫生标准和卫生要求的，方可重新作业。

第二十七条 职业卫生技术服务机构依法从事职业病危害因素检测、评价工作，接受卫生行政部门的监督检查。

第二十八条 向用人单位提供可能产生职业病危害的设备的，应当提供中文说明书，并在设备的醒目位置设置警示标识和中文警示说明。警示说明应当载明设备性能、可能产生的职业病危害、安全操作和维护注意事项、职业病防护以及应急救治措施等内容。

第二十九条 向用人单位提供可能产生职业病危害的化学品、放射性同位素和含有放射性物质的材料的，应当提供中文说明书。说明书应当载明产品特性、主要成份、存在的有害因素、可能产生的危害后果、安全

使用注意事项、职业病防护以及应急救治措施等内容。产品包装应当有醒目的警示标识和中文警示说明。贮存上述材料的场所应当在规定的部位设置危险物品标识或者放射性警示标识。

国内首次使用或者首次进口与职业病危害有关的化学材料，使用单位或者进口单位按照国家相关规定向国务院有关部门报送该化学材料的毒性鉴定以及经有关部门登记注册或者批准进口的文件等资料。

进口放射性同位素、射线装置和含有放射性物质的物品的，按照国家有关规定办理。

第三十条 任何单位和个人不得生产、经营、进口和使用国家明令禁止使用的可能产生职业病危害的设备或者材料。

第三十一条 任何单位和个人不得将产生职业病危害的作业转移给不具备职业病防护条件的单位和个人，不具备职业病防护条件的单位和个人不得接受产生职业病危害的作业。

第三十二条 用人单位对采用的技术、工艺、设备、材料，应当知悉其产生的职业病危害，对有职业病危害的技术、工艺、设备、材料隐瞒其危害而采用的，对所造成的职业病危害后果承担责任。

第三十三条 用人单位与劳动者订立劳动合同（含聘用合同，下同）时，应当将工作过程中可能产生的职业病危害及其后果、职业病防护措施和待遇如实告知劳动者，并在劳动合同中写明，不得隐瞒或者欺骗。

劳动者在已订立劳动合同期间因工作岗位或者工作内容变更，从事与所订立劳动合同中未告知的存在职业病危害的作业时，用人单位应当依照前款规定，向劳动者履行如实告知的义务，并协商变更原劳动合同相关条款。

用人单位违反前两款规定的，劳动者有权拒绝从事存在职业病危害的作业，用人单位不得因此解除与劳动者所订立的劳动合同。

第三十四条 用人单位的主要负责人和职业卫生管理人员应当接受职业卫生培训，遵守职业病防治法律、法规，依法组织本单位的职业病防治工作。

用人单位应当对劳动者进行上岗前的职业卫生培训和在职期间的定期职业卫生培训，普及职业卫生知识，督促劳动者遵守职业病防治法律、法规、规章和操作规程，指导劳动者正确使用职业病防护设备和个人使用的职业病防护用品。

劳动者应当学习和掌握相关的职业卫生知识，增强职业病防范意识，遵守职业病防治法律、法规、规章和操作规程，正确使用、维护职业病防护设备和个人使用的职业病防护用品，发现职业病危害事故隐患应当及时报告。

劳动者不履行前款规定义务的，用人单位应当对其进行教育。

第三十五条 对从事接触职业病危害的作业的劳动者，用人单位应当按照国务院卫生行政部门的规定组织上岗前、在岗期间和离岗时的职业健康检查，并将检查结果书面告知劳动者。职业健康检查费用由用人单位承担。

用人单位不得安排未经上岗前职业健康检查的劳动者从事接触职业病危害的作业；不得安排有职业禁忌的劳动者从事其所禁忌的作业；对在职业健康检查中发现有与所从事的职业相关的健康损害的劳动者，应当调离原工作岗位，并妥善安置；对未进行离岗前职业健康检查的劳动者不得解除或者终止与其订立的劳动合同。

职业健康检查应当由取得《医疗机构执业许可证》的医疗卫生机构承担。卫生行政部门应当加强对职业健康检查工作的规范管理，具体管理办法由国务院卫生行政部门制定。

第三十六条 用人单位应当为劳动者建立职业健康监护档案，并按照规定的期限妥善保存。

职业健康监护档案应当包括劳动者的职业史、职业病危害接触史、职业健康检查结果和职业病诊疗等有关个人健康资料。

劳动者离开用人单位时，有权索取本人职业健康监护档案复印件，用人单位应当如实、无偿提供，并在所提供的复印件上签章。

第三十七条 发生或者可能发生急性职业病危害事故时，用人单位应当立即采取应急救援和控制措施，并及时报告所在地卫生行政部门和有关部门。卫生行政部门接到报告后，应当及时会同有关部门组织调查处理；必要时，可以采取临时控制措施。卫生行政部门应当组织做好医疗救治工作。

对遭受或者可能遭受急性职业病危害的劳动者，用人单位应当及时组织救治、进行健康检查和医学观察，所需费用由用人单位承担。

第三十八条 用人单位不得安排未成年工从事接触职业病危害的作业；不得安排孕期、哺乳期的女职工从事对本人和胎儿有危害的作业。

第三十九条 劳动者享有下列职业卫生保护权利：

（一）获得职业卫生教育、培训；

（二）获得职业健康检查、职业病诊疗、康复等职业病防治服务；

（三）了解工作场所产生或者可能产生的职业病危害因素、危害后果和应当采取的职业病防护措施；

（四）要求用人单位提供符合防治职业病要求的职业病防护设施和个人使用的职业病防护用品，改善工作条件；

（五）对违反职业病防治法律、法规以及危及生命健康的行为提出批评、检举和控告；

（六）拒绝违章指挥和强令进行没有职业病防护措施的作业；

（七）参与用人单位职业卫生工作的民主管理，对职业病防治工作提出意见和建议。

用人单位应当保障劳动者行使前款所列权利。因劳动者依法行使正当权利而降低其工资、福利等待遇或者解除、终止与其订立的劳动合同的，其行为无效。

第四十条 工会组织应当督促并协助用人单位开展职业卫生宣传教育和培训，有权对用人单位的职业病防治工作提出意见和建议，依法代表劳动者与用人单位签订劳动安全卫生专项集体合同，与用人单位就劳动者反映的有关职业病防治的问题进行协调并督促解决。

工会组织对用人单位违反职业病防治法律、法规，侵犯劳动者合法权益的行为，有权要求纠正；产生严重职业病危害时，有权要求采取防护措施，或者向政府有关部门建议采取强制性措施；发生职业病危害事故时，有权参与事故调查处理；发现危及劳动者生命健康的情形时，有权向用人单位建议组织劳动者撤离危险现场，用人单位应当立即做出处理。

第四十一条 用人单位按照职业病防治要求，用于预防和治理职业病危害、工作场所卫生检测、健康监护和职业卫生培训等费用，按照国家有关规定，在生产成本中据实列支。

第四十二条 职业卫生监督管理部门应当按照职责分工，加强对用人单位落实职业病防治管理措施情况的监督检查，依法行使职权，承担责任。

图 5-2 职业病预防

5.1.4 员工的心理健康也要重视

员工的心理健康管理是很多企业比较容易忽略的方面，因为在企业看来员工心理健康是员工个人的事情，与企业的运营没有太大的关系。其实，员工的心理健康情况直接影响着员工工作的幸福感，从而影响工作状态和工作效率。因此，从企业长远发展的角度来看，势必要关注员工的心理健康问题。

想要对症下药从根源上疏解员工的心理问题，首先需要了解影响员工心理健康的原因，主要有以下四点。

工作压力。如今工作压力已经成为影响员工心理健康的最主要因素之一，员工工作任务重，竞争激烈，以及复杂的人际关系等都在无形中增加了员工的工作压力。如果这种压力得不到疏解或释放，必然会影响到员工的心理健康。

工作倦怠。员工长期做同样的工作内容，缺乏新鲜感，消磨了员工的工作热情，转入倦怠期。这样的情绪会逐渐影响员工上班的情绪，甚至滋生不想上班的想法，严重时还可能让人感到身体不适。

职业方向。很多员工进入企业对自己的规划不清楚，找不到目标和方向，这种情况尤其在新生代员工中比较突出。久而久之就会失去自己的就业方向，对自己的未来感到迷茫，从而陷入长期低落的情绪中。

缺乏归属感。归属感也是诱发员工心理问题的一大因素，企业中复杂的人际关系常常会让员工感到缺乏归属感，随后产生孤独感、自卑感，这些负面情绪会催生出心理问题。

那么企业应该如何缓解员工的心理呢？

首先，可以营造一个温馨、轻松的工作环境。轻松的工作环境容易让员工感到放松，避免一直处于紧绷的状态中。同时，轻松并不意味着懒散，它是一种轻松的工作氛围而非散漫的工作态度。在这样的工作环境下工作，员工们的注意力容易集中，心情愉悦的同时带来的是精神上的高度专注。

其次，可以根据员工的工作情况做一些调整和变化，或者给员工一些新的挑战，避免长期从事一种单一、枯燥的工作，这样可以在一定程度上降低员工对工作的厌倦。

接着，管理者需要为每位员工做出清晰的职业规划，让员工清楚自己的奋斗方向，找到自己的价值，避免陷入迷茫。

最后，根据企业的实际情况可以为员工配备心理咨询师，或管理者积极与员工进行沟通，及时了解员工的心理想法和动态，疏解员工的心理问题。

5.2　员工工伤，企业要做好后续工作

工伤是所有企业管理者和员工都不愿面对的事情，但是如果一旦发生，管理者就要承担起相应的责任，为员工做好一系列的工伤管理工作。除了基本的工伤认定之外，还有许多的后续工作需要处理。

另外，管理者处理工伤事故的态度可以看出一家企业的文化，是否真正做到了以人为本。如果管理者以推诿、逃避的态度面对事故，势必会让员工寒心，也会对企业后续的经营和管理带来负面影响。

5.2.1　工伤认定的范围

出现工伤事故伤害的员工可以依法享受相应的经济赔偿，但是相关的

法律对工伤认定的范围做出了明确的规范，只有在认定范围内的受伤可以被认定为工伤，职工可以享受相应的经济赔偿。

《工伤保险条例》第十四条规定，员工出现下列情形之一的，应当认定为工伤：

①在工作时间和工作场所内，因工作原因受到事故伤害的。

②工作时间前后在工作场所内，从事与工作有关的预备性或者收尾性工作受到事故伤害的。

③在工作时间和工作场所内，因履行工作职责受到暴力等意外伤害的。

④患职业病的。

⑤因工外出期间，由于工作原因受到伤害或者发生事故下落不明的。

⑥在上下班途中，受到非本人主要责任的交通事故或者城市轨道交通、客运轮渡、火车事故伤害的。

⑦法律、行政法规规定应当认定为工伤的其他情形。

第十五条 职工有下列情形之一的，视同工伤：

①在工作时间和工作岗位，突发疾病死亡或者在 48 小时之内经抢救无效死亡的。

②在抢险救灾等维护国家利益、公共利益活动中受到伤害的。

③职工原在军队服役，因战、因公负伤致残，已取得革命伤残军人证，到用人单位后旧伤复发的。

需要注意的是，工伤与视同工伤，享受的待遇标准基本一致，只是伤残军人旧伤复发的视同工伤，按照《工伤保险条例》的有关规定享受除一次性伤残补助金以外的工伤保险待遇。

第十六条 职工符合条例第十四条、第十五条规定，但是有下列情形之一的，不得认定为工伤或视同工伤：

①故意犯罪的。

②醉酒或者吸毒的。

③自残或者自杀的。

在工伤认定的过程中，有两个词的意义我们需要明确，即"因工外出期间"和"上下班途中"，这是比较容易出现争议和纠纷的点。首先是"因工外出期间"主要是指下列三种情形：

①职工受用人单位指派或者因工作需要在工作场所以外从事与工作职责有关的活动期间。

②职工受用人单位指派外出学习或者开会期间。

③职工因工作需要的其他外出活动期间。

而"上下班途中"主要指以下四种情形：

①在合理时间内往返于工作地与住所地、经常居住地、单位宿舍的合理路线的上下班途中。

②在合理时间内往返于工作地与配偶、父母、子女居住地的合理路线的上下班途中。

③从事属于日常工作生活所需要的活动，且在合理时间和合理路线的上下班途中。

④在合理时间内其他合理路线的上下班途中。

5.2.2　工伤认定的申请

当员工发生工伤事故之后，企业应该在 24 小时内口头或电话向属地参保或企业营业执照注册地的劳动保障局报告，并填报事故伤害报告表。同时，应在伤亡事故发生或职业病确诊之日起 30 日内填表写并提交工伤认定申请表申请工伤认定。

企业办理工伤认定应向当地劳动保障局社保科提交以下材料：

◆ 用人单位营业执照复印件（事业单位法人代码证复印件）。

◆ 工伤事故发生情况的书面报告。

◆ 职工工伤认定申请表。

◆ 员工本人身份证复印件。

◆ 员工与用人单位的劳动关系证明。

◆ 伤（亡）人员初次治疗的诊断书、病历原件及复印件。

◆ 有关旁证材料（如目击证人书面证明材料现场记录、照片、口供记录等）。

◆ 道路交通事故责任认定书、常住地址证明材料等（属上下班交通事故的）。

◆ 工伤认定所需的其他材料。

除了企业之外，事故受伤员工或员工家属也可以向属地参保或企业营业执照注册地所在地劳动保障局提出工伤认定申请。个人申请工伤认定需要准备以下材料。

◆ 员工和用人单位有效的书面劳动合同或事实劳动关系证明。

◆ 职工工伤认定申请表。

◆ 员工本人身份证和工作证（或工卡）。

◆ 员工或用人单位伤（亡）事故情况材料（如实叙述事故发生经过）。

◆ 有关旁证材料（如目击证人书面证明材料现场记录、口供记录等）。

◆ 道路交通事故责任认定书、常住地址证明材料等（属交通事故的）。

◆ 工伤认定所需的其他材料。

◆ 受伤员工委托证明、亲属关系证明（属亲属提出工伤认定申请的）。

5.2.3 工伤保险的各项待遇

工伤保险待遇是对员工因工发生暂时或永久人身伤害的一种补偿，一方面可以使受伤者得到医疗帮助和生活保障，另一方面也能使工亡者的遗属的基本生活得到保障。工伤待遇的具体数额取决于当地的经济发展水平和社会生活水平，对此《工伤保险条例》有相关的规定，如图 5-3 所示。

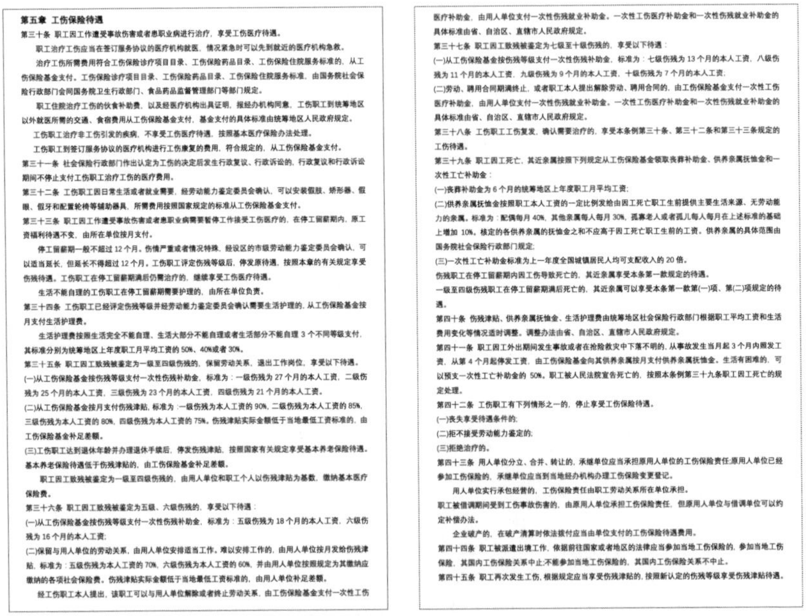

第五章 工伤保险待遇

第三十条 职工因工作遭受事故伤害或者患职业病进行治疗，享受工伤医疗待遇。

职工治疗工伤应当在签订服务协议的医疗机构就医，情况紧急时可以先到就近的医疗机构急救。

治疗工伤所需费用符合工伤保险诊疗项目目录、工伤保险药品目录、工伤保险住院服务标准的，从工伤保险基金支付。工伤保险诊疗项目目录、工伤保险药品目录、工伤保险住院服务标准，由国务院社会保险行政部门会同国务院卫生行政部门、食品药品监督管理部门等部门规定。

职工住院治疗工伤的伙食补助费，以及经医疗机构出具证明，报经办机构同意，工伤职工到统筹地区以外就医所需的交通、食宿费用从工伤保险基金支付，基金支付的具体标准由统筹地区人民政府规定。

工伤职工治疗非工伤引发的疾病，不享受工伤医疗待遇，按照基本医疗保险办法处理。

工伤职工到签订服务协议的医疗机构进行工伤康复的费用，符合规定的，从工伤保险基金支付。

第三十一条 社会保险行政部门作出认定为工伤的决定后发生行政复议、行政诉讼的，行政复议和行政诉讼期间不停止支付工伤职工治疗工伤的医疗费用。

第三十二条 工伤职工因日常生活或者就业需要，经劳动能力鉴定委员会确认，可以安装假肢、矫形器、假眼、假牙和配置轮椅等辅助器具，所需费用按照国家规定的标准从工伤保险基金支付。

第三十三条 职工因工作遭受事故伤害或者患职业病需要暂停工作接受工伤医疗的，在停工留薪期内，原工资福利待遇不变，由所在单位按月支付。

停工留薪期一般不超过 12 个月。伤情严重或者情况特殊，经设区的市级劳动能力鉴定委员会确认，可以适当延长，但延长不得超过 12 个月。工伤职工评定伤残等级后，停发原待遇，按照本章的有关规定享受伤残待遇。工伤职工在停工留薪期满后仍需治疗的，继续享受工伤医疗待遇。

生活不能自理的工伤职工在停工留薪期需要护理的，由所在单位负责。

第三十四条 工伤职工已经评定伤残等级并经劳动能力鉴定委员会确认需要生活护理的，从工伤保险基金按月支付生活护理费。

生活护理费按照生活完全不能自理、生活大部分不能自理或者生活部分不能自理 3 个不同等级支付，其标准分别为统筹地区上年度职工月平均工资的 50%、40%或者 30%。

第三十五条 职工因工致残被鉴定为一级至四级伤残的，保留劳动关系，退出工作岗位，享受以下待遇。

(一)从工伤保险基金按伤残等级支付一次性伤残补助金，标准为：一级伤残为 27 个月的本人工资，二级伤残为 25 个月的本人工资，三级伤残为 23 个月的本人工资，四级伤残为 21 个月的本人工资。

(二)从工伤保险基金按月支付伤残津贴，标准为：一级伤残为本人工资的 90%，二级伤残为本人工资的 85%，三级伤残为本人工资的 80%，四级伤残为本人工资的 75%。伤残津贴实际金额低于当地最低工资标准的，由工伤保险基金补足差额。

(三)工伤职工达到退休年龄并办理退休手续后，停发伤残津贴，按照国家有关规定享受基本养老保险待遇。基本养老保险待遇低于伤残津贴的，由工伤保险基金补足差额。

职工因工致残被鉴定为一级至四级伤残的，由用人单位和职工个人以伤残津贴为基数，缴纳基本医疗保险费。

第三十六条 职工因工致残被鉴定为五级、六级伤残的，享受以下待遇：

(一)从工伤保险基金按伤残等级支付一次性伤残补助金，标准为：五级伤残为 18 个月的本人工资，六级伤残为 16 个月的本人工资；

(二)保留与用人单位的劳动关系，由用人单位安排适当工作。难以安排工作的，由用人单位按月发给伤残津贴，标准为：五级伤残为本人工资的 70%，六级伤残为本人工资的 60%，并由用人单位按照规定为其缴纳应缴纳的各项社会保险费。伤残津贴实际金额低于当地最低工资标准的，由用人单位补足差额。

经工伤职工本人提出，该职工可以与用人单位解除或者终止劳动关系，由工伤保险基金支付一次性工伤医疗补助金，由用人单位支付一次性伤残就业补助金。一次性工伤医疗补助金和一次性伤残就业补助金的具体标准由省、自治区、直辖市人民政府规定。

第三十七条 职工因工致残被鉴定为七级至十级伤残的，享受以下待遇：

(一)从工伤保险基金按伤残等级支付一次性伤残补助金，标准为：七级伤残为 13 个月的本人工资，八级伤残为 11 个月的本人工资，九级伤残为 9 个月的本人工资，十级伤残为 7 个月的本人工资；

(二)劳动、聘用合同期满终止，或者职工本人提出解除劳动、聘用合同的，由工伤保险基金支付一次性工伤医疗补助金，由用人单位支付一次性伤残就业补助金。一次性工伤医疗补助金和一次性伤残就业补助金的具体标准由省、自治区、直辖市人民政府规定。

第三十八条 工伤职工工伤复发，确认需要治疗的，享受本条例第三十条、第三十二条和第三十三条规定的工伤待遇。

第三十九条 职工因工死亡，其近亲属按照下列规定从工伤保险基金领取丧葬补助金、供养亲属抚恤金和一次性工亡补助金：

(一)丧葬补助金为 6 个月的统筹地区上年度职工月平均工资；

(二)供养亲属抚恤金按照职工本人工资的一定比例发给由因工死亡职工生前提供主要生活来源、无劳动能力的亲属。标准为：配偶每月 40%，其他亲属每人每月 30%，孤寡老人或者孤儿每人每月在上述标准的基础上增加 10%。核定的各供养亲属的抚恤金之和不应高于因工死亡职工生前的工资。供养亲属的具体范围由国务院社会保险行政部门规定；

(三)一次性工亡补助金标准为上一年度全国城镇居民人均可支配收入的 20 倍。

伤残职工在停工留薪期内因工伤导致死亡的，其近亲属享受本条第一款规定的待遇。

一级至四级伤残职工在停工留薪期满后死亡的，其近亲属可以享受本条第一款第(一)项、第(二)项规定的待遇。

第四十条 伤残津贴、供养亲属抚恤金、生活护理费由统筹地区社会保险行政部门根据职工平均工资和生活费用变化等情况适时调整。调整办法由省、自治区、直辖市人民政府规定。

第四十一条 职工因工外出期间发生事故或者在抢险救灾中下落不明的，从事故发生当月起 3 个月内照发工资，从第 4 个月起停发工资，由工伤保险基金向其供养亲属按月支付供养亲属抚恤金。生活有困难的，可以预支一次性工亡补助金的 50%。职工被人民法院宣告死亡的，按照本条例第三十九条职工因工死亡的规定处理。

第四十二条 工伤职工有下列情形之一的，停止享受工伤保险待遇。

(一)丧失享受待遇条件的；

(二)拒不接受劳动能力鉴定的；

(三)拒绝治疗的。

第四十三条 用人单位分立、合并、转让的，承继单位应当承担原用人单位的工伤保险责任；原用人单位已经参加工伤保险的，承继单位应当到当地经办机构办理工伤保险变更登记。

用人单位实行承包经营的，工伤保险责任由职工劳动关系所在单位承担。

职工被借调期间受到工伤事故伤害的，由原用人单位承担工伤保险责任，但原用人单位与借调单位可以约定补偿办法。

企业破产的，在破产清算时依法拨付应当由单位支付的工伤保险待遇费用。

第四十四条 职工被派遣出境工作，依据前往国家或者地区的法律应当参加当地工伤保险的，参加当地工伤保险，其国内工伤保险关系中止；不能参加当地工伤保险的，其国内工伤保险关系不中止。

第四十五条 职工再次发生工伤，根据规定应当享受伤残津贴的，按照新认定的伤残等级享受伤残津贴待遇。

图 5-3 工伤保险待遇

5.2.4 鉴定工伤员工的劳动能力

工伤员工的劳动能力鉴定无论是对企业，还是对员工个人来说，都非常重要，它直接关系到员工的工伤待遇情况，所以管理者应该协助员工做好劳动能力鉴定。

劳动能力鉴定是通过对一个人从事体力工作能力的鉴定，确定其劳动能力丧失的程度。程度越严重，工伤保险基金补偿的就越多。申请劳动能力鉴定的员工需要满足一定的条件，根据《工伤保险条例》第21条有关规定，工伤职工如果要进行劳动能力鉴定，应当同时具备以下条件：

①经过治疗后，伤情处于相对稳定状态。

②虽经治疗，但还是造成职工存在残疾。

③工伤职工存在的残疾达到了影响劳动能力的程度。

满足以上三个条件的，应当进行劳动能力鉴定。因此，企业应当要求满足上述条件的工伤员工及时进行劳动能力鉴定。

根据《工伤保险条例》的规定，工伤员工的劳动能力鉴定按照劳动功能障碍分为十个伤残等级，最重的为一级，最轻的为十级，具体内容见表5-1。

表5-1　劳动功能障碍伤残等级

等　　级	说　　明
一级	器官缺失或功能完全丧失，其他器官不能代偿，存在特殊医疗依赖，生活完全或大部分不能自理
二级	器官严重缺损或畸形，有严重功能障碍或并发症，存在特殊医疗依赖，或生活大部分不能自理
三级	器官严重缺损或畸形，有严重功能障碍或并发症，存在特殊医疗依赖，或生活部分不能自理
四级	器官严重缺损或畸形，有严重功能障碍或并发症，存在特殊医疗依赖，生活可以自理
五级	器官大部分缺损或明显畸形，有较重功能障碍或并发症，存在一般医疗依赖，生活能自理

续表

等 级	说 明
六级	器官大部分缺损或明显畸形,有中等功能障碍或并发症,存在一般医疗依赖,生活能自理
七级	器官大部分缺损或明显畸形,有轻度功能障碍或并发症,存在一般医疗依赖,生活能自理
八级	出现器官部分缺损,形态异常,轻度功能障碍,有医疗依赖,生活能自理
九级	出现器官部分缺损,形态异常,轻度功能障碍,无医疗依赖,生活能自理
十级	出现器官部分缺损,形态异常,无功能障碍,无医疗依赖,生活能自理

劳动能力鉴定除了包含劳动功能障碍鉴定外,还会涉及生活自理障碍鉴定。生活自理障碍主要分为三个等级,生活完全不能自理、生活大部分不能自理和生活部分不能自理,具体内容如下:

①生活完全不能自理指进食、翻身、大小便、穿衣洗漱、自我移动等五项均需要护理的情形。

②生活大部分不能自理指进食、翻身、大小便、穿衣洗漱、自我移动等五项中有三项或四项不能自理的情形。

③生活部分不能自理指进食、翻身、大小便、穿衣洗漱、自我移动等五项中有一项或两项不能自理的情形。

申请员工劳动能力鉴定需要经过四个步骤。

第一步,提出申请。企业、工伤员工或者其直系亲属可以向设区的市级劳动能力鉴定委员会提出申请。同时申请人应当按照规定提交工伤认定决定和职工工伤医疗的有关资料。

第二步，审查。劳动能力鉴定委员会在收到申请人申报劳动能力鉴定的资料后，应当进行初审，看有关材料是否齐备、有效。如果提交的资料欠缺，劳动能力鉴定委员会则应要求申请人补充相关材料。

第三步，组织鉴定。劳动能力鉴定委员会受理劳动能力鉴定申请后，从医疗专家库内随机抽取三名或五名专家组成专家组进行鉴定。必要时，可以委托具备资格的医疗机构进行有关的诊断。专家组或者受委托的医疗机构鉴定后应当出具鉴定意见并由参与鉴定的专家签署。

第四步，做出鉴定结论并送达当事人。劳动能力鉴定委员会应根据专家组的鉴定意见，在收到劳动能力鉴定申请之日起 60 日内做出劳动能力鉴定结论。如果有必要，做出劳动能力鉴定结论的期限可以延长 30 日。劳动能力鉴定结论对当事人利益重大，因此《工伤保险条例》规定，劳动能力鉴定结论应当及时送达申请鉴定的单位和个人。

从上述申请流程中可以看到，申请员工劳动能力鉴定也需要提交相关材料。为了避免进行劳动能力鉴定时因相关材料不足导致无法完成鉴定，应当提前准备好劳动能力鉴定所需的材料。

申报劳动能力鉴定所需的常规材料及要求如下：

◆ 填写劳动能力鉴定申请表，表上粘贴本人近期一英寸免冠照片，若由单位负责则在照片上压盖单位公章；个人申请需提供单位名称、单位详细地址、单位联系人姓名及电话，并且当场通知单位联系人。

◆ 工伤认定决定书原件及复印件。

◆ 携带被鉴定人本人身份证原件及复印件。

◆ 提供完整连续的病历材料，其中，住院的需要提供住院病志原件（持患者本人身份证到医院病案室复印病志，同时加盖医院病案管理专用章之后即病志原件），原件被鉴定中心保留，再用可以去病案室再提。未住院的需提供急诊或门诊的病志原件并复印件、诊断书及辅助检查报告单原件并复印件，审核原件保留复印件。

◆ 职工供养直系亲属进行劳动能力鉴定，还需提供被鉴定人与职工之间直系亲属的有效证明。

◆ 劳动能力鉴定机构需要的其他材料。

第6章

绩效考核
促使新生代员工快速成长

绩效考核是对员工的工作完成情况或工作职责履行程度做出的评定，可以帮助新生代员工找出自己的不足，使其得到快速成长，并对其将来的工作行为和业绩产生积极、正面的引导，所以尤为重要。

6.1 绩效管理的章法

绩效管理对企业来说是监督、考察员工工作完成情况的一种方法，但是对员工来说它不仅是工作结果，更直接影响员工当月的薪酬水平高低情况，所以管理者需要慎重对待，应该讲究一定的章法，避免引起员工的纠纷。

6.1.1　遵循绩效考核的设计原则

几乎所有的企业都会设计员工的绩效考核体系，但是每家企业所处的行业不同，员工组织结构不同，工作性质和内容也不同，所以设计员工的绩效考核方法不能一概而论，更不能照抄照搬。管理者必须把握这种差异性，遵循绩效考核的基本设计原则，才能使员工得到公平的待遇。

绩效考核的基本设计原则主要包括以下六点。

业绩为主。在绩效考核的设计中应该以员工的业绩考核为主，其他考核为辅。实际工作中，有大量的因素会直接或间接影响公司的经营目标。根据管理中的二八原则，只有少数关键因素会对公司目标起到决定性作用，所以只需抓住关键的少数因素才能对考核起到事半功倍的作用，如果什么都要考核，反而什么也抓不住。

遵照客观事实。对员工的绩效评估应遵照客观事实，而不是主观臆断，这是保障绩效考核结果公平、公正的重要前提，也是员工认真履行绩效考核的基础。

多角度评价。指考核的主体应是多元的，除了直属上级之外，还可以自我评价、客户评价、被考核者下级以及被考核同级评价等。多元化的考核主体能从不同的角度全面地考核被考核者，其结果也能更真实、有效。

考核与多项员工利益结合。考核的结果应与员工的工资发放水平、人员调配、晋升辞退等紧密联系，这样才能引起员工的重视，从而激发员工努力工作的动力，也促进公司经营目标的实现。

操作简单。绩效考核方案操作简单，便于执行是绩效考核设计实施的关键，烦琐的绩效考核只会流于形式，难以真正执行。绩效考核操作简单主要体现在两个方面：一是考核过程方便、简单；二是考核结果的执行，快捷简单。

给予申诉权利。给予被考核者申诉权利，既是纠正考核偏差的机制，也是对考核者进行监督的手段，更是维护考核公平的关键。

6.1.2 绩效管理的基本流程

绩效管理的过程是一个循环的过程，如图 6-1 所示。

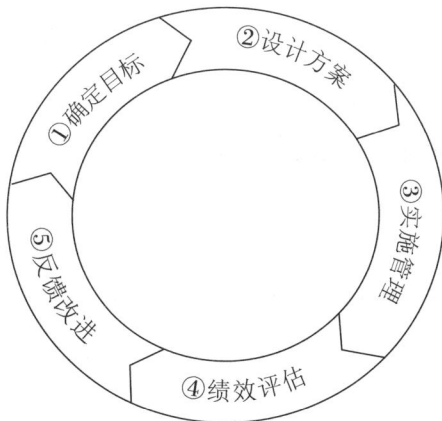

图 6-1 绩效管理过程

第一步，确定绩效管理目标。绩效目标是绩效管理的基础，所以首先需要设定绩效目标。目标制定需要进一步提高其科学性和可操作性，对于一些比较模糊的目标需要通过具体的考核来不断调整修改。

第二步，设计绩效管理方案。有了明确的目标之后，还要根据目标设计具体的绩效管理方案，指导员工了解日常工作的重点，为员工日后的工作提供指引。

第三步，绩效实施与管理。制定了绩效管理方案之后，员工开始按照绩效方案开展自己的工作，而管理者则需要对员工的工作进行指导和监督，并对其中发现的问题及时提出解决方案。

第四步，绩效评估。在绩效考核期结束时，对此次的绩效考核计划完成情况进行评估。评估的依据是查看绩效目标的完成情况。

第五步，反馈改进。完成绩效评估后，管理者还需要与员工就绩效考核结果进行面对面的交谈。了解员工对绩效考核的想法，积极寻求改进，逐渐完善绩效考核。

可以看出，员工的绩效管理是一个管理循环，包括五个环节，包括确定目标、设计方案、实施与管理、绩效评估和反馈改进。当一个绩效管理循环结束后，根据绩效管理循环中反映的问题，新的一轮绩效管理循环又开始。

6.1.3 设定绩效考核的目标

为员工设定合适的绩效考核目标是绩效管理的第一步，也是绩效管理的关键和基础。绩效目标的设定如图 6-2 所示。

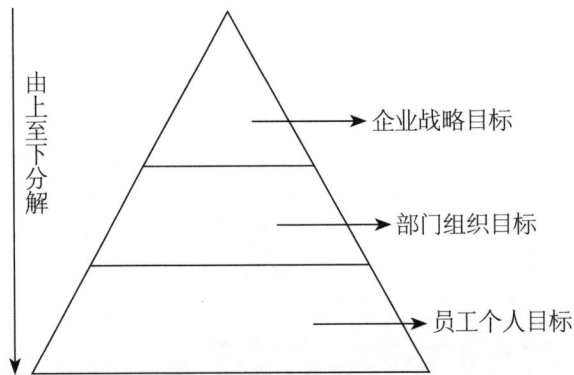

图 6-2 目标设定示意图

从图 6-2 可以看到，员工绩效目标的设定实际上是企业战略目标的分解过程，具体步骤如下：

①根据企业的经营情况制定企业的总体发展战略目标。

②将企业当年的目标分解到各个部门，确定各个部门的目标。

③将部门的绩效目标分解到个人，确保个人工作目标与部门和企业目标保持一致。

④结合各个岗位的工作内容、性质，确定各个岗位绩效考核的各项要素。

⑤制定绩效考核方案并进行考核。

但是在设定绩效目标时必须遵循 SMART 原则，这样设计的绩效目标才具有意义。

S——Specific，明确的、具体的，指绩效指标应是特定的、具体的、明确的，不能太笼统，应该适度细化，并且要根据不同的情境而改变。

M——Measurable，可衡量的，指绩效指标必须是可量化或者是可清晰描述的行为，而且这些绩效指标的数据或信息是可以获得的。

A——Attainable，可达到的，绩效指标在被考核对象付出努力的情况下，是可以实现的，但如果目标过低也就失去了考核的意义。

R——Relevant，相关的，指员工的个人绩效目标要与企业的目标和部门的目标相关，与岗位职责相关，不要设置与企业目标和岗位职责无关的目标。

T——Time-bound，有时限性的，指绩效指标中要使用一定的时间单位，即要设定完成这些绩效指标的截止期限。

在 SMART 原则的基础上对员工绩效目标进行量化考量，操作性更强。管理者在考虑时可以结合员工的岗位特点从以下四个维度进行设置。

◆ **财务指标：**财务指标作为绩效考核指标比较常见，例如销售额、利润、毛利率和净利率等，在销售岗位中比较常见。这类财务指标能够快速查看出业务员的销售业务能力。

◆ **客户相关数据**：客户相关数据包括新增客户数量、客户满意度、客户回购率以及客户转化率等。这类指标主要是从客户开拓和体验提升方面考虑的指标，能够查看出员工的客户开拓和维护能力，在服务岗位和销售岗位中比较常见。

◆ **营运效率提升类指标**：营运效率提升类指标是从企业营运创新和效率提升方面考虑，有利于逐年改进提升企业的营运能力，提高企业的市场竞争力。如创新技术的应用，流程的改进等，在科技研发类、技术类、生产类企业比较常见。

◆ **员工能力和素质提升类指标**：员工能力和素质提升类指标致力于员工的长期成长和发展，包括员工的个人素质、知识能力和技能，将员工的培养与绩效管理紧密结合起来。

6.1.4 绩效考核实用制度

想要企业的绩效考核方案落到实处，起到员工绩效管理的作用，就必须在企业中制定一份公开、严肃、客观的绩效考核管理制度，以便员工的绩效管理可以有据可依，有章可循。

绩效考核制度的内容见表 6-1。

表 6-1　绩效考核制度的内容

项　　目	说　　明
目的	说明建立此制度的原因，以及想要达到的目的
范围	说明制度的适用人群，不同的岗位具有不同的工作特点和性质，绩效考核方式也可能不同，因此需要提前注明考核的适用人群
原则	指绩效考核管理的核心和主旨
组织结构	说明企业中的绩效管理的组织结构成员，以及各自负责的范围

续表

项　　目	说　　明
考核内容	向员工说明绩效考核的内容，引导员工工作，包括月度绩效考核、季度绩效考核和年度绩效考核
考核周期	说明绩效考核的周期频率和时间
考核方法	说明具体的绩效考核方法
绩效系数	对考核中的系数进行说明
考核流程	说明绩效考核的具体步骤，提前让员工做好准备
绩效结果反馈	向员工反馈绩效考核的结果
绩效申诉	员工如对考核内容或评分有异议或认为不公平，可以在考核工作结束后进行申诉
附则	对制度中的内容进行补充说明

绩效考核制度的结构大致包含这些，在实际的制度编撰中因为企业的具体运营情况和岗位特点可能会存在差异，但大体结构不变，管理者可以按照上述结构结合企业现实情况进行编撰。

图 6-3 为某公司员工绩效考核制度。

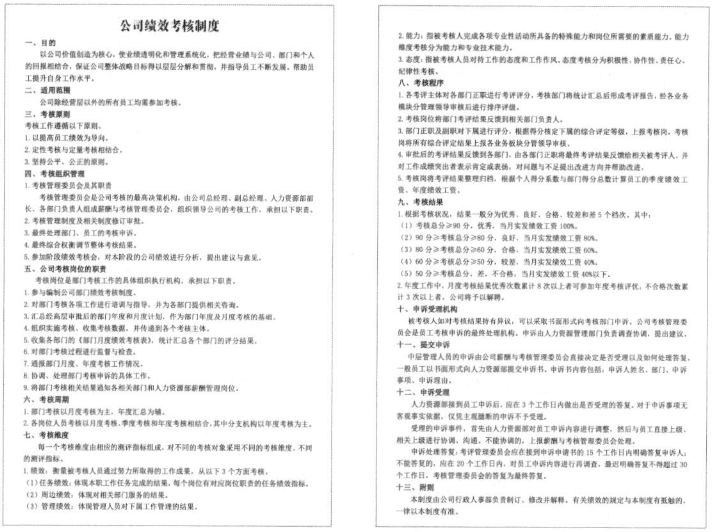

公司绩效考核制度

一、目的

以公司价值创造为核心，使业绩透明化和管理系统化，把经营业绩与公司、部门和个人的回报相结合，保证公司整体战略目标得以层层分解和贯彻，并指导员工不断发展，帮助员工提升自身工作水平。

二、适用范围

公司除经营层以外的所有员工均需参加考核。

三、考核原则

考核工作遵循以下原则。

1. 以提高员工绩效为导向。
2. 定性考核与定量考核相结合。
3. 坚持公平、公正的原则。

四、考核组织管理

1. 考核管理委员会及其职责

考核管理委员会是公司考核的最高决策机构，由公司总经理、副总经理、人力资源部部长、各部门负责人组成薪酬与考核管理委员会，组织领导公司的考核工作，承担以下职责。

2. 考核管理制度及相关制度修订审批。
3. 最终处理部门、员工的考核申诉。
4. 最终综合权衡调节整体考核结果。
5. 参加阶段绩效考核会，对本阶段的公司绩效进行分析，提出建议与意见。

五、公司考核岗位的职责

考核岗位是部门考核工作的具体组织执行机构，承担以下职责。

1. 参与编制公司部门绩效考核制度。
2. 对部门考核各项工作进行培训与指导，并为各部门提供相关咨询。
3. 汇总经高层审批后的部门年度和月度计划，作为部门年度及月度考核的基础。
4. 组织实施考核、收集考核数据，并传递到各个考核主体。
5. 收集各部门的《部门月度绩效考核表》，统计汇总各个部门的评分结果。
6. 对部门考核过程进行监督与检查。
7. 通报部门月度、年度考核工作情况。
8. 协调、处理部门考核申诉的具体工作。
9. 将部门考核相关结果通知各相关部门和人力资源部薪酬管理岗位。

六、考核周期

1. 部门考核以月度考核为主，年度汇总为辅。
2. 各岗位人员考核以月度考核、季度考核和年度考核相结合，其中分支机构以年度考核为主。

七、考核维度

每一个考核维度由相应的测评指标组成，对不同的考核对象采用不同的考核维度、不同的测评指标。

1. 绩效：衡量被考核人员通过努力所取得的工作成果，从以下 3 个方面考核。
（1）任务绩效：体现本职工作任务完成的结果，每个岗位有对应岗位职责的任务绩效指标。
（2）周边绩效：体现对相关部门服务的结果。
（3）管理绩效：体现管理人员对下属工作管理的结果。

2. 能力：指被考核人完成各项专业性活动所具备的特殊能力和岗位所需要的素质能力。能力维度考核分为能力和专业技术能力。
3. 态度：指被考核人员对待工作的态度和工作作风。态度考核分为积极性、协作性、责任心、纪律性考核。

八、考核程序

1. 各考评主体对各部门正职进行考评评分，考核部门将统计汇总后形成考评报告，经各业务模块分管理领导审核后进行排序评级。
2. 考核岗位将部门考评结果反馈到相关部门负责人。
3. 部门正职及副职对下属进行评分，根据得分核定下属的综合评定等级，上报考核岗，考核岗将所有综合评定结果上报各业务板块分管领导审核。
4. 审批后的考评结果反馈到各部门，由各部门正职将最终考评结果反馈给相关被考评人，并对工作成绩突出者表示肯定或表扬，对问题与不足提出改进方向并帮助改进。
5. 考核岗将考评结果整理归档，根据个人得分系数与部门得分总数计算员工的季度绩效工资、年度绩效工资。

九、考核结果

1. 根据考核状况，结果一般分为优秀、良好、合格、较差和差 5 个档次，其中：
（1）考核总分≥90 分，优秀，当月实发绩效工资 100%。
（2）90 分≥考核总分≥80 分，良好，当月实发绩效工资 80%。
（3）80 分≥考核总分≥60 分，合格，当月实发绩效工资 60%。
（4）60 分≥考核总分≥50 分，较差，当月实发绩效工资 40%。
（5）50 分≥考核总分，差，不合格，当月实发绩效工资 40%以下。
2. 年度工作中，月度考核结果优秀次数累计 8 次以上者可参加年度考核评优；不合格次数累计 3 次以上者，公司将予以解聘。

十、申诉受理机构

被考核人如对考核结果持有异议，可以采取书面形式向考核部门申诉，公司考核管理委员会是员工考核申诉的最终处理机构，申诉由人力资源管理部门负责调查协调，提出建议。

十一、提交申诉

中层管理人员的申诉由公司薪酬与考核管理委员会直接决定是否受理以及如何处理答复，一般员工以书面形式向人力资源部提交申诉书，申诉书内容包括：申诉人姓名、部门、申诉事项、申诉理由。

十二、申诉受理

人力资源部接到员工申诉后，应在 3 个工作日内做出是否受理的答复。对于申诉事项无客观事实依据，仅凭主观臆断的申诉不予受理。

受理的申诉事件，首先由人力资源部对员工申诉内容进行调整，然后与员工直接上级、相关上级进行协调、沟通。不能协调的，上报薪酬与考核管理委员会处理。

申诉处理答复：考评管理委员会应在接到申诉申请书的 15 个工作日内明确答复申诉人；不能答复的，应在 20 个工作日内，对员工申诉内容进行再调查，最迟明确答复不得超过 30 个工作日，考核管理委员会的答复为最终答复。

十三、附则

本制度由公司行政人事部负责制订、修改并解释。有关绩效的规定与本制度有抵触的，一律以本制度有准。

图 6-3　公司绩效考核制度

6.2 绩效考核的方法有哪些

绩效考核的方法有很多。绩效考核方法的选用要多方面考虑，如行业、企业的规模、目前所处阶段、组织架构和企业文化等，使用方法也不同。目前市面上运用比较广泛的主要有三种考核方法，下面我们来具体看看。

6.2.1 360°绩效考核法

360°绩效考核法，又被称为全方位评估法，它是通过与被考核者发生工作联系的多方主体那里获得被考核者的信息，以此来对被考核者进行全方位的、多维度的绩效评估过程，如图6-4所示。

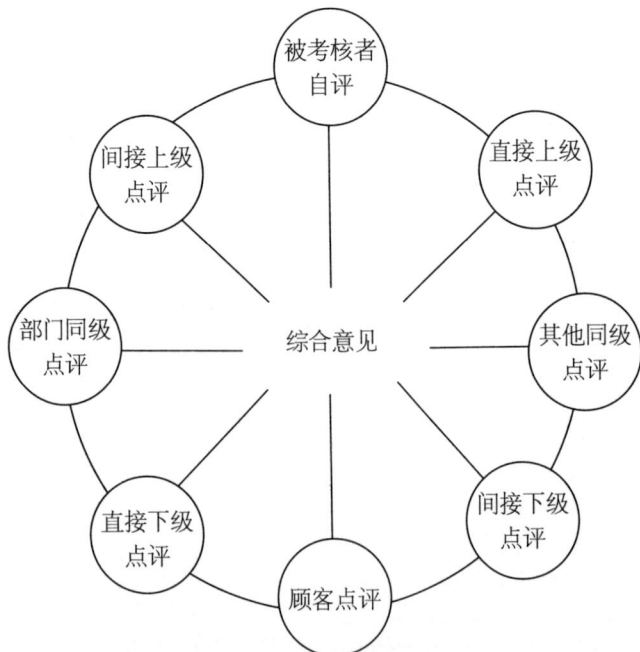

图6-4 360°绩效考核示意图

从图 6-4 可以看到，360° 绩效考核法的考核信息由上级、同级、下级以及自评组成，可以反映出不同考核者对于同一被考核者不同的看法，打破了由上级考核下属的传统考核制度，避免了传统考核中的"个人偏见"和"考核盲点"等现象，使考核结果更真实、更准确。

360° 绩效考核法操作起来比较简单，实用较强，有四个基本步骤。

（1）制订绩效考核的计划

制订绩效考核计划具体包括确定被考核对象、考核内容和设计考核表单。其中，360° 考核法通常都是以考核问卷的形式进行的，给评价者提供 5 分等级或者 10 分等级的量表（称之为等级量表），由主评价者选择相应的分值，或者让评论者写出自己的评价意见（称之为开放式问题）。

从问卷的内容来看，可以是与被考核者的工作情况密切相关的行为，也可以是共性行为，或者二者的综合。

（2）确定考评人

完成问卷设计之后就要考虑考评人了，包括上级、下级、同级、客户和自己，同时还要确定各自的权重比例。根据与被考核者的工作联系程度和工作效果来合理设置各个考评人的权重。

（3）结果反馈与沟通

绩效考核最后能否改善被考核者的业绩，在很大程度上取决于评价结果的反馈。评价结果的反馈包括两方面：一方面，应该就评价的公正性、完整性和准确性向评价者提供反馈，指出他们在评价过程中所犯的错误，以帮助他们提高评价技能；另一方面，应该向被考核者提供反馈，以帮助被考核者提高能力水平和业绩水平。

（4）考核结果应用

根据考核的最终结果来确定被考核者的绩效工资、薪酬等级或者岗位级别等,只有将考核结果与员工的切身利益直接相关才能引起员工的重视,激发员工的后期努力。

案例实操 360°绩效考核法的应用

为了提升公司整体管理水平,激发经营管理人员工作的积极性和主动性,公司决定对中层管理人员进行全面绩效考核。

一、考核范围

公司内职能部门中层管理人员。

二、考核原则

(1)客观公正;

(2)考核内容规范;

(3)全方位考核原则。

三、考核组织及人员

由行政部门组织的考核领导小组。

四、考核形式及程序

由考核小组组织召开考核述职会,被考核者需要在直接上级、下级以及全体员工中进行述职,述职时间不超过10分钟,由直接上级、直接下级、员工代表以及同级进行打分。

五、绩效考核权重分配

上级50%、下级20%、同级20%、自评10%。

六、考核内容

包括品德、能力和业绩,其中品德占20%权重,能力占30%权重,业绩占50%权重。

七、绩效考核等级划分

(1)90分以上,为优秀;

（2）80～89分，为良好；

（3）60～79分，为合格；

（4）60分以下，为不合格。

八、绩效考核结果应用

（1）作为职位晋升、降职、岗位调整以及培训的依据；

（2）作为年终发放奖金、评选先进的参考依据。

九、绩效考核结果的投诉

被考核者对考核结果有异议的可以向行政部门反馈，行政部门针对反馈情况做调查，并就调查结果做出解释或调整，绩效考核领导小组对绩效考核结果有最后裁决权。

绩效考核表

考核项目		得分级别			得分
		A 级	B 级	C 级	
品德 20分	事业心	较强（7分）	一般（6～4分）	较差（3～1分）	
	正直	较强（7分）	一般（6～4分）	较差（3～1分）	
	责任感	较强（6分）	一般（5～3分）	较差（2～1分）	
能力 30分	沟通能力	较强（4分）	一般（2分）	较差（1分）	
	领导能力	较强（4分）	一般（2分）	较差（1分）	
	激励能力	较强（4分）	一般（2分）	较差（1分）	
	策划能力	较强（3分）	一般（2分）	较差（1分）	
	执行力	较强（3分）	一般（2分）	较差（1分）	
	计划能力	较强（3分）	一般（2分）	较差（1分）	
	团结能力	较强（3分）	一般（2分）	较差（1分）	
	知识能力	较强（3分）	一般（2分）	较差（1分）	
	处事能力	较强（3分）	一般（2分）	较差（1分）	
业绩50分		超标（40～50分）	达标（40～30分）	未完成（30分以下）	
合计分数					
综合得分					
评价					
我是被考核人的：（　）上级　　（　）同事　　（　）下级　　（　）自己					

上述案例是一个比较典型的 360° 绩效考核法的运用，该公司在绩效考核中对被考核者采取了上级、下级、同级和自己四个维度的考评，且根据各个考核考评的重要程度进行权重划分，上级 50%、下级 20%、同级 20%、自评 10%，使得考核结果更加科学。

6.2.2　KPI 绩效考核法

KPI 是 Key Performance Indicator 的缩写，中文翻译关键业绩指标，它把对绩效的评估简化为几个关键指标的考核，将关键指标当作评估标准，把员工的绩效与关键指标做比较的评估方法。

KPI 绩效考核的优点主要有以下三点。

目标明确，有利于企业战略目标的实现。KPI 是企业战略目标的层层分解，通过 KPI 指标的整合和控制，使员工绩效行为与企业目标要求的行为相吻合，不至于出现偏差，有利地保证了企业战略目标的实现。

提出了客户价值理念。KPI 提倡的是为企业内外部客户价值实现的思想，对于企业形成以市场为导向的经营思想有一定的提升。

利于组织利益与个人利益达成一致。策略性地分解指标，使企业战略目标细化到个人绩效目标，员工在实现个人绩效目标的同时，也在实现企业总体的战略目标，两者和谐，企业与员工便有共赢的结局。

KPI 绩效考核主要运用"鱼骨图"分析法，建立关键绩效指标体系，方法如下：

①首先明确企业的战略目标，并利用鱼骨分析法找出企业的业务重点，也就是企业价值评估的重点。然后，再找出这些关键业务领域的关键绩效指标（KPI），即企业级 KPI。

②各部门的主管需要依据企业级 KPI 建立部门级 KPI，并对相应部门的 KPI 进行分解，确定相关的要素目标，分析绩效驱动因素（技术、组织、人），

确定实现目标的工作流程，分解出各部门的 KPI，以便确定评价指标体系。

③各部门的主管和部门的人员一起再将 KPI 进一步细分，分解为更细的个人 KPI 及各职位的业绩衡量指标。这些业绩衡量指标就是员工考核的要素和依据。这种对 KPI 体系的建立和测评过程本身，就是统一全体员工朝着企业战略目标努力的过程，也必将对各部门管理者的绩效管理工作起到很大的促进作用。

④指标体系确立之后，还需要设定评价标准。

KPI 业绩考核法的难点在于 KPI 指标难以界定，其次 KPI 会使考核者误入机械的考核方式，最后 KPI 并不适用于所有的岗位。

案例实操 市场部员工 KPI 绩效考核办法设计

一、适用范围

1. 本考核办法适用于公司市场部所有正式员工的绩效考核。

2. 本办法所指绩效工资指根据市场销售人员的工作任务完成情况进行考核后，所得到的除了单位福利、津（补）贴以外的报酬。

二、绩效工资的构成

1. 市场销售人员的绩效工资由岗位工资、效益提成工资、年功工资和年终奖金构成。

2. 岗位工资根据销售人员的岗位确定，销售及服务经理 2 000 元 / 月；主管 1 500 元 / 月；精英 1 200 元 / 月；普通销售人员 1 000 元 / 月；并按照季度绩效考核动态调整。

3. 效益提成上不封顶，按照每个销售人员每个季度的实际完成业绩计算提成。主要提成办法为新发 15% 计提；原有会员单位追缴按实际收入费用的 5% 计提；其他业务扩展按 10% 计提。

4. 市场销售人员的年功工资按协会年功工资标准发放，具体发放按当年年度纯效益收入进行分配。

5. 年终奖分为完成目标计划的优秀管理人员奖、优秀创收发展奖和优秀员工奖，并参照全年度考核评议后发放。

三、考核办法

1. 岗位工资。

（1）岗位工资的考核：销售人员的岗位工资采取季度 KPI 绩效考核办法，总分为 10 分，具体考核内容如下：

A. 新客户拓展 25%。

B. 老客户维护 35%。

C. 回款率 30%。

D. 上级主管分配的工作 10%。

（2）得分说明。

A. 考核得分在 9 ~ 10 分，绩效考核系数为 1.2。

B. 考核得分在 7.5 ~ 9 分，绩效考核系数为 1.1。

C. 考核得分在 6 ~ 7.5 分，绩效考核系数为 1.0。

D. 考核得分在 4 ~ 6 分，绩效考核系数为 0.8。

E. 考核得分小于 4 分，绩效考核系数为 0.6。

（3）KPI 指标说明。

A. 新客户拓展目标值为本季度新客户产值占本季度总产值的比例：大于等于 20% 得 10 分，15% ~ 20% 得 8 分，10% ~ 15% 得 6 分，5% ~ 10% 得 4 分，0 ~ 5% 得 0 分。

B. 老客户维护目标值为本季度老客户产值占上年度同期老客户产值的比例：100% 得 10 分，90% ~ 100% 得 9 分，80% ~ 90% 得 8 分，依次递减，最低 0 分。

C. 回款率 100% 及以上的得 10 分，80% ~ 100% 的得 8 分，60% ~ 80%

的得 6 分，依次递减，最低为 0 分。

D. 上级主管分配的工作完成情况，分为 4 个档次，优秀为 10 分，良好为 8 分，合格为 6 分，不合格为 0 分。

2. 岗位工资的发放。

岗位工资在开始的第一季度内依据确定的岗位级别发放，第 4 个月则根据 KPI 考核结果对下一季度的岗位工资进行调整。

实得岗位工资 = 原定岗位工资 × 季度绩效考核系数

3. 效益提成工资。

（1）效益提成工资每季度考核发放。

（2）销售人员个人季度效益工资，由分管市场销售经理根据每个销售人员季度回款额的完成情况，进行考核后发放。

（3）对未按要求办理完离职手续的离职员工不予发放提成，该提成计入年功工资发放。

4. 年功工资。

市场销售人员实得年功工资 = 年度考核分值 × 核定年度纯效益核定百分比（按人数）

上述案例是比较典型的利用关键绩效考核法制定的市场业务员绩效考核办法。制定市场部员工的绩效办法，首先要根据公司的战略目标，确定市场部门业务人员的职责目标和关键成功要素。然后确定市场营销部门内部各职能部门和业务部门及相关流程的关键绩效指标体系，进而分解为市场部员工的绩效考核指标。

案例中首先根据公司的战略目标，确定了市场部和市场销售人员的职责目标是销售产品，由此确定员工的工资结构为"岗位工资 + 效益提成工资 + 年功工资"。

销售人员的职责决定了其关键绩效指标应围绕着"销售"展开，由此我们可以确定，市场销售人员的关键绩效考核指标分为新客户拓展、老客户维护、回款率和上级主管分配的工作这四个部分。

确定了关键绩效考核指标体系之后，再设定绩效考核标准，即员工在各个指标上分别达到了什么样的水平，对应可以得到什么样的酬劳。例如案例中的"考核得分在 9 ~ 10 分，绩效考核系数为 1.2；考核得分在 7.5 ~ 9 分，绩效考核系数为 1.1；考核得分在 6 ~ 7.5 分，绩效考核系数为 1.0；考核得分在 4 ~ 6 分，绩效考核系数为 0.8；考核得分小于 4 分，绩效考核系数为 0.6"。

至此，关键绩效考核办法完成。综上，我们可以看出，KPI 关键绩效考核办法能够针对性地对员工 / 部门工作进行正确引导，也能精准的定量和定性，对直接创造利润和间接创造利润的贡献做出评估。

相比其他绩效考核办法来说，KPI 关键绩效考核办法更为精简，减少了不必要的考核指标、流程、系统。根据二八法则，20% 的骨干人员创造了企业 80% 的价值；针对个人，二八法则同样适用，即 80% 的工作任务由 20% 的关键行为完成的，所以 KPI 关键绩效考核法只要精准抓住这 20% 的关键行为，对其进行分析和衡量，就能抓住绩效考核的核心了。

6.2.3　BSC 平衡计分卡考核法

BSC 英文 The Balanced Score Card，简称 BSC，即平衡计分卡考核法，它是根据企业组织的战略要求而设计的指标体系。平衡计分卡将企业的战略目标逐层分解，转化成为具体的相互平衡的绩效考核指标体系，然后对这些体系的实现状况进行不同时段的考核。

具体来看，平衡计分卡从四个逻辑相关的角度及其相应的绩效指标，对企业的战略目标实现情况进行考核。这四个角度分别是：财务、客户、内部流程和学习与成长。图 6-5 为 BSC 平衡计分卡考核法示意图。

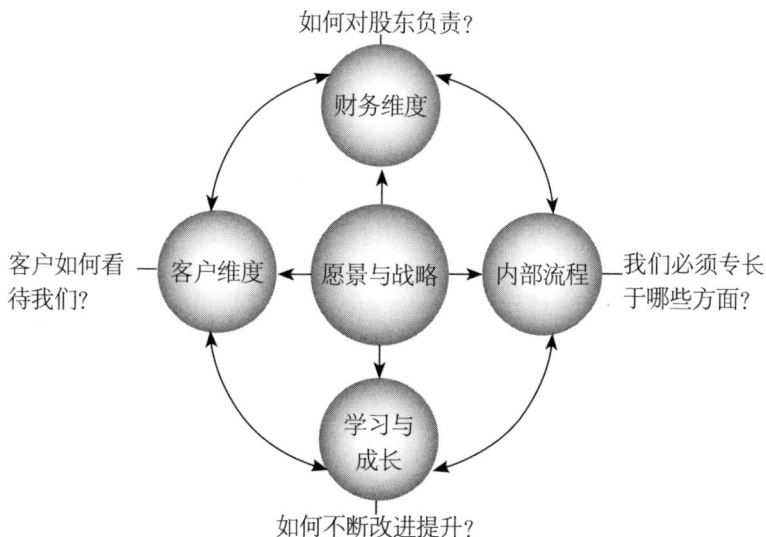

图 6-5　平衡计分卡考核法示意图

从图 6-5 可以看到，BSC 平衡计分卡考核法从企业的愿景和战略出发，从财务、客户、内部流程和学习与成长四个维度来考核企业，具体内容如下所示。

◆ 财务维度

财务维度主要指通过具体的财务指标查看企业的获利能力。企业经营的目的是追求利润，而企业管理者的水平如何，通过财务数据就能得到一个比较直观的认识。通常情况下，企业的财务指标和企业的获利能力紧密联系在一起，包括营业收入、销售增长速度或产生的现金流量、投资报酬率等。

◆ 客户维度

客户是企业的主要获利来源，满足客户需求，提高企业在市场中的竞争力是企业追求的目标。因此，企业管理者想要确定企业在行业中的竞力和市场份额情况，就应该从客户角度出发，其核心指标包括客户满意程度、客户保持程度、新客户的获得和客户赢利能力，即在目标范围内的市场份额和会计份额。如果这些指标数据反映良好，表示企业的客户管理有效，企业的竞争力强。

◆ 内部流程维度

为了实现企业的目标，管理者需要对现有生产能力进行优化和创新，不断学习和成长，这是企业实现长期目标的根本。但是传统的企业内部经营指标通常是控制和改善现有部门的作用，主要依据财务指标包括评价产品品质、投资报酬率和生产周期等，它仅仅是强调单个部门的业绩，而不是着眼于综合地改善企业的整体经营过程。

而平衡计分卡考核则强调评价指标多样化，不仅包括财务指标，还包括非财务指标，这样能够综合地反映企业内部的管理业绩水平，指标一般包括企业推出新品的平均时耗、产品合格率、新客户收入占总收入的比例、生产销售主导时间以及售后服务主导时间等。

◆ 学习与成长维度

员工的学习与成长对企业来说，相当于企业的无形资产，能够助力企业的进步。可以说，学习与成长维度为其他三个维度的目标提供了基础，能够驱动前面三个维度目标的发展，减少企业实际情况与目标之间的落差。

为了缩小这些差距，保证其他目标的实现，企业必须在平衡计分卡中确定学习与创新的目标和评价指标，包括员工的满意度、保留率、提供培训课程和提升技术水平等。

而这四个维度之间又存在紧密的逻辑关系。首先，企业的愿景和战略目的是为股东创造价值（财务维度）；其次，财务的增长情况又取决于客户购买情况和满意度（客户维度）；再次，为了提高客户的满意度，企业必须进一步完善和提高自身的技能（内部流程维度），而企业的技能最终要归结于企业的人力资源培养和管理（学习和成长维度）。所以四个维度相辅相成，紧密关联，形成了 BSC 平衡计分卡绩效考核体系。

BSC 平衡计分卡绩效考核法的主要流程如下：

①根据企业当前的运营情况和对目标市场的定位分析，建立起企业的长期发展愿景和战略目标。

②就企业制定的愿景与战略目标与员工进行讨论，企业上下达成共识。

③对企业的愿景和战略目标进行量化分析，从财务、客户、内部运营、学习和成长四个维度来确定企业的绩效考核指标。

④进一步量化和完善绩效考核体系，确定考核办法，实施员工的绩效考核，加强各项管理。

案例实操 利用 BSC 平衡计分卡考核法制定绩效考核方案

由于市场环境的竞争日益激烈，某酒店营业收入日渐减少，员工对酒店的绩效考核体系愈发不满。酒店基于预算，以财务指标作为唯一的考核指标，在营业收入减少的情况下员工工资剧减，引发不满情绪。

鉴于此，酒店重新对发展战略做了梳理，采取 BSC 平衡计分卡绩效考核法从财务、客户、内部流程、学习与成长四个维度重提了绩效考核指标，丰富了员工工资组成。

一、确定酒店战略目标，并与员工达成一致

与员工讨论并就酒店目标达成一致，确定目标为以顾客为导向，进一步提高市场占有率，增加收入，提高经营净利润率，提高客户满意度。另外吸引人才、留住人才、培养人才，建立高素质的员工队伍，使该酒店处于本市同星级酒店的龙头地位。

二、从四个维度出发确定关键要素

依据 BSC 平衡计分卡绩效考核法从财务、客户、内部流程、学习和成长四个维度来考虑影响酒店战略目标实现的关键要素。

（1）财务层面，酒店利润的增长主要在于营业收入的增加和运营成本的控制。

（2）客户层面，从客户的角度来看，酒店应该从产品质量和服务水平方面来提高。

（3）内部流程，对客户满意度影响最大的在于员工工作的专业化和标准化，应最大程度优化和提高员工工作水平，提高酒店竞争力。

（4）学习与成长，酒店的核心在于人才，因此酒店要重点关注人才的开发和培养，在留住核心人才并培养的同时，加强关键人才的引进，另外还要注重现有员工的能力提升。

针对四个维度的思考结果，根据鱼骨法对关键要素进行提炼，结果如图 6-6 所示。

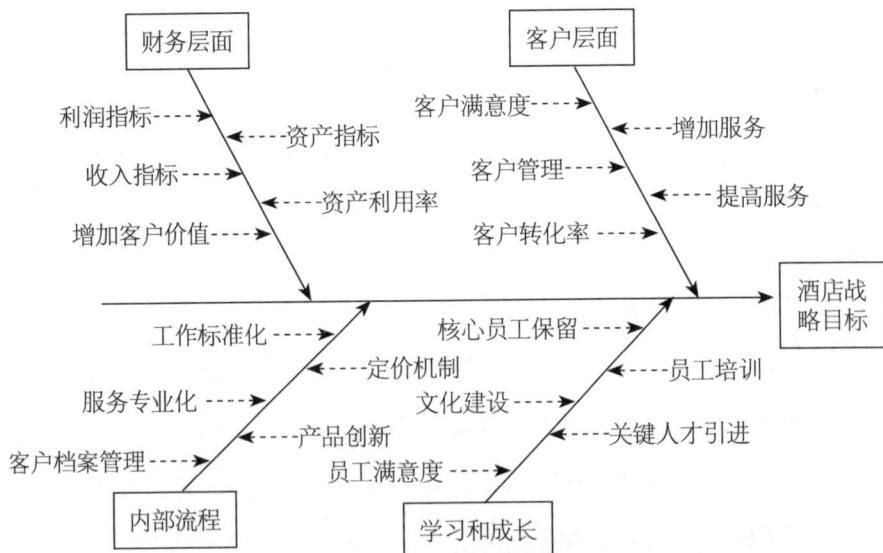

图 6-6　鱼骨法提炼要素

三、提出关键指标

根据上述要素，提出各个层面中的关键指标，如下：

层　　面	关键要素	关键指标
财务	利润指标	提高酒店净资产收益率
	收入指标	提高酒店总经营利润
	增加客户价值	提高客户购买力
	资产指标	提高酒店资产增长率
	资产利用率	提高酒店资产利用率
客户	客户满意度	提高客户满意度，降低投诉率
	客户管理	强调客户关系维护和管理
	客户转化率	提高潜在客户转化率
	增加服务	针对客户需要增加服务内容和项目
	提高服务	提高员工服务质量
内部流程	工作标准化	明确规定员工工作的标准流程
	服务专业化	建立专业的服务标准
	客户档案管理	完善管理客户消费档案资料
	定价机制	结合市场和实际情况，采取动态定价方式
	产品创新	根据客户需求研发新品，提高客户体验
学习与成长	核心员工保留	核心员工流失率
	员工培训	加强员工培训管理
	文化建设	注重酒店文化建设
	关键人才引进	根据酒店实际需要引进关键人才
	员工满意度	提高员工学习成长方面的满意度

四、确定酒店的关键绩效考核指标权重

根据关键指标的内容，进一步确定酒店的绩效考核指标权重，具体内容如下：

（1）销售计划完成 100%，权重 30%。

（2）提高酒店净资产收益率达到 2%，权重 20%。

（3）客户服务满意度调查达到 98%，权重 20%。

（4）酒店核心员工流失率低于 8%，权重 5%。

（5）引进关键人才 3 名，权重 10%。

（6）酒店员工培训时长人均每月 10 个课时，培训通过率 95%，权重 5%。

（7）餐饮、小吃特色创新，每月研发新菜，权重 10%。

五、确定各部门各岗位的指标

酒店的整体绩效目标确定之后，再进一步将酒店的关键绩效指标分解到各个部门以及各个岗位。以酒店餐饮部门厨师为例，其绩效考核标准如下：

序　号	指　标	权　重	分　值
1	客户满意度	15%	15 分
2	产品质量	15%	15 分
3	产品创新	10%	10 分
4	安全卫生	10%	10 分
5	操作专业	10%	10 分
6	服务规范	10%	10 分
7	成本控制	10%	10 分
8	员工培训	10%	10 分
9	组织纪律	10%	10 分

月度绩效考核时，绩效分为优、良、中、合格、差 5 个等级，经考核评分在 95 分以上者为优，绩效工资为 120%；评分结果在 90～95（含 90）分者为良，绩效工资为 100%；评分结果在 85～90（含 85）分为中，绩效工资为 80%；评分结果在 80～85（含 80）分为合格，绩效工资为 60%；评分结果低于 80 分者为不合格，不发放绩效工资。

上述案例非常详细、清晰地说明了如何利用 BSC 平衡计分卡考核法为企业制定员工绩效考核方案。可以看出，相比其他的绩效管理方法，BSC 平衡计分卡考核法体现出一种全面、平衡的管理思想，指出企业战略目标的达成要考核多方面的指标，不仅是财务要素，还应包括客户、业务流程、学习与成长。这样从企业管理角度出发的绩效考核更科学，从企业长远发展的角度来看也更适合。

6.3 关键岗位的绩效考核设计

设计企业员工的绩效考核方案，除了需要了解相关的绩效考核方法之外，还要考虑岗位的特点，尤其是一些特殊的岗位，他们的岗位职责内容更多，范围更广。如果企业不考虑岗位的特殊性，而使用同一套绩效考核方案，那么必然会触发员工的不满情绪。

6.3.1 管理人员绩效考核设计

想要设计管理人员的绩效考核方案，首先要了解管理人员的工作内容和工作特点，然后就其中的关键工作内容和行为提取关键指标，制定绩效考核方案。

管理人员指在企业中行使管理职能、指挥或协调他人完成具体任务的人，其工作绩效的好坏直接关系着企业的运营结果。实际上，管理人员的工作内容就是，为了实现企业的某一目的而进行的决策、计划、组织、指导、实施和控制的过程。

其中，管理的目的是效率和效益；管理的核心是人；管理的本质是协调，协调的中心是人。这就要求管理人员需要具备一系列综合能力，具体见表 6-2。

表 6-2　管理人员需要具备各项能力

能　　力	说　　明
工作责任感	1. 要求管理人员具备强烈的责任感，维护企业利益与形象 2. 敢于承担责任，为自己的工作结果负责
工作能力	1. 具备专业的工作技能，能够对下属遇到的问题提出解决方案和意见 2. 具备发现和解决问题的能力 3. 具备必要的业务知识、技能和方法
组织能力	1. 根据目标和指示，能对任务目标进行合理地分解和安排，并制定高效可行的实施方案 2. 与下属有效沟通，准确传达意见，达成共识 3. 分析客户需求，自行提出可行的项目和计划 4. 当环境发生变化时，能对计划做出适应性地调整
决策与授权	1. 权责范围内能独立做出决策，并对决策的结果负责 2. 决策过程中积极与下属协调，鼓励他人参与 3. 懂得适当放权，鼓励下属独立做出决定，并建立适当的控制措施
指挥与调控	1. 向下属传达任务清晰、准确，详细说明目标、要求和标准 2. 工作中设定适当的检查点，追踪工作进度和质量 3. 严格要求工作按照规则和要求进行，并对其中的不合理做出调整
个人发展	1. 对自己有要求、有目标，愿意承担更大的责任 2. 有清晰的个人发展计划和培训计划 3. 积极学习提升个人专业技能 4. 对自己的能力和判断有信心，愿意接受更大的挑战
团队管理	1. 公平对待每一位下属 2. 积极与下属沟通，了解员工工作现状和需求，反馈下属工作结果 3. 接纳他人意见，并鼓励他人提出意见 4. 注意培养和提高下属的工作能力 5. 懂得肯定下属的付出、贡献和进度，并及时给予激励

了解了管理人员需要具备的能力之后，企业需要结合实际管理人员的工作内容提取关键要素，选择绩效考核指标确定权重，制定考核方案。

案例实操 利用360°绩效考核办法制定主管考核制度

一、总则

为了对员工的绩效进行客观、公平的评价和考核，提高员工的绩效水平，增强公司在市场中的竞争力，在公司内形成积极向上的氛围，特制定此考核。

二、适用范围

本制度适用于公司内中层领导，考核分为上级、同级和下级三部分组成。

1.上级考核主要包括：工作业绩、工作能力和工作态度。

2.同级考核主要包括：团队协作、工作能力和工作态度。

3.下级考核主要包括：团队管理、工作能力和工作态度。

三、考核办法

1.中层管理者包括主管级以上员工。

2.对中层管理者每半年考核一次。

3.由被考核人的直接上级对被考核人进行评议，该项满分为100分，其中工作业绩权重50%；工作能力权重30%；工作态度权重20%。

4.由被考核人的相关同级对被考核人进行评议，该项满分为100分，其中团队协作权重50%；工作能力权重30%；工作态度权重20%。

5.由被考核人的直接下级对被考核人进行评议，该项满分为100分，其中团队管理权重30%；工作能力权重50%；工作态度权重20%。

四、考核结果评级

1.满足单项90%，总分不低于270分条件者为A等。

2.满足单项80%，总分不低于240分条件者为B等。

3. 满足单项 80%，总分不低于 180 分条件者为 C 等。

4. 满足单项 60%，总分低于 180 分条件者为 D 等。

绩效评估表（上级）如下：

绩效评估表（上级）

评价指标		评定内容					评　　定
工作业绩	目标完成情况	优秀	良好	一般	及格	差	
	工作质量	优秀	良好	一般	及格	差	
	工作品质	优秀	良好	一般	及格	差	
工作能力	基本业务能力	优秀	良好	一般	及格	差	
	领导决策能力	优秀	良好	一般	及格	差	
	创新能力	优秀	良好	一般	及格	差	
	沟通表达能力	优秀	良好	一般	及格	差	
工作态度	原则性	优秀	良好	一般	及格	差	
	责任心	优秀	良好	一般	及格	差	
	团队精神	优秀	良好	一般	及格	差	
评语建议							

绩效评估表（同级）如下：

绩效评估表（同级）

评价指标		评定内容					评　　定
团队协作	全局意识	优秀	良好	一般	及格	差	
	协作意识	优秀	良好	一般	及格	差	
	服务意识	优秀	良好	一般	及格	差	
工作能力	基本业务能力	优秀	良好	一般	及格	差	
	计划能力	优秀	良好	一般	及格	差	
	创新能力	优秀	良好	一般	及格	差	
	沟通表达能力	优秀	良好	一般	及格	差	
工作态度	原则性	优秀	良好	一般	及格	差	
	责任心	优秀	良好	一般	及格	差	
	品德诚信	优秀	良好	一般	及格	差	
评语建议							

绩效评估表（下级）如下：

绩效评估表（下级）

评价指标		评定内容					评　　定
团队管理	公正性	优秀	良好	一般	及格	差	
	民主性	优秀	良好	一般	及格	差	
工作能力	管理和培养下属的能力	优秀	良好	一般	及格	差	
	计划调控能力	优秀	良好	一般	及格	差	
	组织授权能力	优秀	良好	一般	及格	差	
	沟通表达能力	优秀	良好	一般	及格	差	
工作态度	原则性	优秀	良好	一般	及格	差	
	责任心	优秀	良好	一般	及格	差	
	品德诚信	优秀	良好	一般	及格	差	
评语建议							

案例中的管理人员绩效考核是通过 360° 绩效考核办法来制定的，与管理人员直接相关的上级、同级以及下级来做不同维度的评价考核，这符合管理者承上启下的连接作用。

面对上级、下级以及同级时，管理者的工作内容不同，职责权限不同，造成的工作效果和效果也不同。因此，在提取管理人员绩效考核指标时，根据不同的评价维度，所提取的考核指标也不同。

案例中，上级考核的指标是工作业绩、工作能力和工作态度；同级绩效考核的指标是团队协作、工作能力和工作态度；下级绩效考核指标为团队管理、工作能力和工作态度。这样的绩效指标制定方式，能够更精准地评估出管理者的工作结果，更具有指导意义。

6.3.2　销售人员绩效考核设计

销售人员的工作以销售为主，那么他们的绩效考核也应该围绕销售进行设计。首先了解销售人员在工作中需要具备的能力，见表 6-3。

表 6-3　销售人员需要具备的能力

能　　力	说　　明
销售能力	销售人员应该具备一定的销售技能，才能促成交易
学习能力	具备学习和提升自己的想法和能力，减少犯错的概率和缩短摸索时间
抗压能力	销售人员有业绩压力，需要具备良好的心理承受能力
临场发挥能力	销售人员常常需要应对许多突发事件，需要具备处变不惊、随机应变的能力
创新能力	销售人员需具备一定的创新能力，改变固定思维，促进交易
沟通能力	销售的过程也是谈判交易的过程，需要销售人员具备良好的沟通能力
客户管理能力	销售人员与客户交往的时候更多，这就要求销售人员具备客户管理能力，包括新客户的开发、老客户的维护以及客户关系的管理等

根据上述销售工作需要具备的能力可以看出，销售人员的能力可以分为三个部分，工作业绩、工作能力和工作态度，再在其基础上做进一步的关键指标提取。

◆　工作业绩

工作业绩即销售人员的销售情况，具体指标包括销售额、销售计划完成率、销售增长率、销售毛利率、账款回收率、坏账率、市场占有率、新客户实现率以及新产品市场占有率等。

◆ 工作能力

工作能力指销售人员的销售技巧和能力,具体指标包括分析判断能力、谈判能力、沟通能力和应变能力等。

◆ 工作态度

工作态度指销售人员对待工作的态度,可以从员工出勤率、日常行为规范、责任感等指标来进行查看。

有了绩效考核指标后,企业管理者需要结合实际情况对指标进行选择,并具体量化,明确权重即可。

下面具体来看一个销售人员绩效考核方案实例。

案例实操 利用关键指标设计销售人员绩效考核办法

一、原则

1. 严格以公司收入业绩为考核标准,做到公平客观。

2. 考核结果与员工收入直接联系。

二、考核标准

1. 销售人员业绩考核标准为公司当月的营业收入指标和目标,公司将会每年调整一次。

2. 销售人员行为考核标准。

(1)执行遵守公司各项工作制度、考勤制度、保密制度和其他公司规定的行为表现。

(2)履行本部门工作的行为表现。

(3)完成工作任务的行为表现。

(4)遵守国家法律法规、社会公德的行为表现。

三、考核内容与指标

销售人员绩效考核表如下:

绩效考核表

考核项目		权　重	评价标准	评分
工作业绩	销售完成率	20%	（实际完成销售额 ÷ 计划完成销售额）×100%，考核标准为100%，每低于5%，扣1分	
	销售增长率	15%	与上一月度或年度的销售业绩相比，每增加1%，加1分，出现负增长不扣分	
	销售回款率	15%	本期累计回款 ÷（本期销售额＋期初应收款－期末未到期应收款），超过规定标准以上，以5%为一档，每超过1档就加1分，低于规定标准的，为0分	
	新客户销售占比率	10%	当期新客户销售额 ÷ 当期销售总额，占比率小于5%时为0分，以5%为一档，每超过1档就加1分	
工作能力	专业知识能力	10%	2分：了解公司产品基本知识 4分：熟悉本行业及本公司的产品 6分：具备专业知识，但对相关知识不熟悉 8分：熟练掌握业务知识及其他相关知识 10分：不仅掌握专业知识和相关知识，还不断学习精进	
	谈判能力	10%	2分：较弱 4分：一般，基本能够应对谈判需要 6分：较强，能对复杂情况分析和判断 8分：强，能快速对复杂局面做出正确的判断 10分：很强，能够掌控现场节奏，控制场面	
	沟通能力	10%	2分：能够清晰表达自己的想法 4分：具有一定说服力 6分：能够有效化解矛盾 8分：具有一定的沟通技巧 10分：能够快速打动对方，得到肯定	

续表

考核项目		权 重	评价标准	评分
工作态度	责任感	3%	0分：工作马虎，质量较差 1分：基本能够保质保量完成任务 2分：能够很好地完成自己的任务 3分：在完成本职工作的基础上，还能做其他任务	
	员工出勤率	3%	1.员工全勤，得满分 2.迟到一次扣1分，3次以内 3.月累计迟到3次以上者得0分	
	服务意识	4%	1.出现客户投诉1次扣分，3次以内 2.零投诉者满分 3.投诉3次以上者，0分	

四、考核结果

1.试用期工资 =2 000 元 +2 000 元 × 考核评分，当月考核分高于 60 分时转正。

2.销售员工资 =4 000 元 + 提成 × 考核评分，当月考核分高于 80 分，奖励 500 元；考核分大于 80 分，且销售额连续三个月超过任务标准 10%，晋升经理。

3.销售经理工资 =6 000 元 +1 000 元 × 考核评分，销售额连续三个月超过任务标准 10%，考核分不低于 90 分，晋升总监。

4.销售总监工资 =8 000 元 + 部门销售额 ×1%（未完成部门总销售额目标的 70%，不计提成）。

案例采取了关键绩效考核法，根据销售人员的工作特点找到关键绩效指标，从而确定绩效考核指标。

另外，因为销售人员的工作内容难以全部通过定量的数据来进行衡量，所以案例中结合了一些定性的指标，例如工作态度，这样的方式增强了绩效考核的公平性和准确性。

6.3.3　生产人员绩效考核设计

生产人员指以生产作为工作核心的劳动者。通常，制造业企业中的生产部门分为不同的工序，每一道工序上会设置不同的岗位，每一岗位又各自承担着不同的工作任务和要求。

通常这类工作对脑力要求不高，对体力劳动要求较大，重复性较强，这就要求生产人员需要具备下列能力，见表6-4。

表6-4　生产人员需要具备的能力

能　力	说　明
技术能力	生产人员应具备岗位职责所需的技术能力
工作效率	生产人员通常会面对订单压力，需要具备一定的生产效率来满足生产需要
使用设备的能力	生产人员需要具备正确使用操作设备的能力
设备维护保养的能力	生产人员除了会使用设备之外，还需要具备基本的设备维护保养能力
安全生产	具备强烈安全生产意识，遵守安全纪律
生产纪律	遵守企业生产纪律

从表6-4可以看出，生产人员的工作主要具有以下特点。

①工作以体力劳动或手工操作为主。

②对员工的能力要求不高，但对体能要求较高。

③员工的工作结果通常为产品的数量或质量。

④具有明确的质量标准，能够检查产品质量。

⑤对员工的安全生产意识和操作要求较高。

在这样的情况下，生产员工的绩效考核要素通常分为两个部分，即工作能力和工作态度，再在其基础上做进一步的关键指标提取。

◆ 工作能力

工作能力指员工生产的能力，具体指标包括生产任务完成率、设备维护使用、产品合格率、工艺标准的执行情况等。

◆ 工作态度

工作态度指员工面对生产工作时的态度，具体指标包括劳动纪律、工作主动性、出勤率以及违纪情况等。

案例实操 利用关键指标设计生产车间人员绩效考核办法

一、考核目的

对生产车间员工进行绩效考核的主要目的包括以下五个方面。

1. 了解员工对组织的贡献。

2. 为员工的薪酬决策提供依据。

3. 提高员工对企业管理制度的满意度。

4. 激发员工的积极性、主动性和创造性，提高员工基本素质和工作效率。

5. 为员工的晋升、降职、培训、调职和离职提供决策依据。

二、绩效考核对象

1. 已经转正的员工。

2. 实习员工、试用期员工、连续出勤不满三个月的员工以及考核期间休假停职三个月以上（含三个月）的员工不列为此次考核对象。

三、绩效考核小组成员

1. 绩效考核人员。绩效考核小组由三人组成，主体考核者（员工的直接上级）负责为员工评分，考核小组其他两位成员分别为人力资源部成员和部门经理，参与并监督考核过程。

2. 总经理虽然不是本部门各岗位员工的最终评估人，但是保留对评估结果的建议权，并参与绩效考核相关会议，提出相关培训、岗位晋升以及员工处罚的要求。

3.绩效考核人员应做到与被考核人及时沟通与反馈，公正地完成考核工作。

四、生产车间员工绩效考核内容

生产车间员工绩效考核指标、评分标准及相应分配比例如下：

绩效考核表

考核项目		评价标准（分）	评分
工作能力	生产计划完成率	优秀（8）、良（7）、中（5）、差（2）	
	生产定额完成率	优秀（8）、良（6）、中（4）、差（2）	
	服从生产调度情况	优秀（4）、良（3）、中（2）、差（0）	
	岗位作业指导要求执行情况	优秀（10）、良（7）、中（5）、差（3）	
	产品交验合格率	优秀（15）、良（13）、中（8）、差（5）	
	工艺标准执行情况	优秀（5）、良（3）、中（2）、差（1）	
	使用设备合理	优秀（4）、良（3）、中（2）、差（1）	
	设备维护保养	优秀（4）、良（3）、中（2）、差（1）	
	设备故障率	优秀（2）、良（1）、中（0）、差（0）	
工作态度	操作现象清洁度	优秀（6）、良（5）、中（4）、差（1）	
	工作穿戴情况	优秀（4）、良（3）、中（2）、差（0）	
	文明操作情况	优秀（4）、良（3）、中（2）、差（0）	
	出勤情况	优秀（4）、良（3）、中（2）、差（0）	
	安全生产	优秀（7）、良（5）、中（2）、差（1）	
	劳动纪律	优秀（9）、良（8）、中（3）、差（0）	
	工作主动性	优秀（6）、良（5）、中（4）、差（2）	
综合得分			

五、备注

1. 绩效考核表中的"优""良""中""差"的评价标准可参考"生产车间员工绩效考核评分标准说明表",最终得分不超过100分。

2. 在绩效改进中,员工合理化建议被验收并采纳,则按照本企业奖励条例进行奖励。车间仍然加分,纳入年终考核。

3. 在生产工作中,如违反企业技术质量纪律,违反公司纪律条例三次以上的,均实施一票否决。

从上例可以看到,生产人员的绩效考核中除了对员工的工作结果进行考核之外,对员工的工作态度,尤其是安全生产类的指标尤其重视,这是生产类岗位的重点内容。

与其他岗位不同,生产型员工尤其是化工类、器械类的生产员工,如果不对员工的安全生产做出严格要求并加以考核,可能会给企业带来灾难。

第7章

激励政策
激发年轻员工潜力的法宝

激励是人力资源开发的重要手段，激励运用得当，能够最大限度地激发年轻员工的积极性、主动性和创造性，实现人尽其才、才尽其用，从而达到双赢的目的。

7.1 了解激励的重要性

企业想要得到稳定、长久的发展，离不开员工的凝聚力，所以管理者要让企业中的绝大部分员工积极主动地投入工作，"想企业所想，乐企业所乐"。其关键在于调动员工的积极性，尤其是新生代员工普遍自由意识比较强烈，不愿意受到团队约束。此时就可以引入"激励"机制，激发员工自愿积极地投入工作。

7.1.1 为什么要进行员工激励

激励，最常见的是薪酬激励，也叫诱惑薪酬或业绩薪酬，即员工在达到了某个具体目标、绩效水准或创造某种盈利后所增加的薪酬收入部分，它是以员工、团队或者组织的短期或长期绩效为依据而支付给员工个人或团体的薪酬。相对于基本薪酬而言，激励薪酬具有一定的可变性，经营者薪酬实施的前提是业绩考核，而激励薪酬与业绩密切联系在一起。因此，它对员工的激励作用更强。

简单来说，激励就是以额外的薪酬刺激员工，使其更加努力地投入工作。但是具体来看，除了对员工起到激励作用之外，从长期的角度来看还对企业的发展起到重要作用，具体如下所示。

◆ 让企业真正的人才脱颖而出

激励机制的设计能够让企业中的真正人才脱颖而出，让能力强的员工变得更强，让能力稍弱的员工向优秀者看齐，改变了"大锅饭"分配原则，也更能体现出激励机制的公平性。

◆ 提高薪酬机制的竞争优势

激励机制对原本的薪酬机制做了补充，使其在市场中更具有竞争优势，也更能够为企业吸引到优秀人才。需要注意的是，激励薪酬是作为员工收入额外的补充，而非员工应得工资。因此，员工的薪酬水平应与市场水平持平，或优于市场水平。这样才能体现出激励薪酬的优越性。

◆ 对企业忠诚度更高

很多时候，员工上班对企业盈利与否或盈利高低并不关心，只要自己每个月能够按时按量地拿到自己的工资即可。这样的员工往往对企业的忠诚度并不高，一旦有机会就会离开企业寻求新的发展。

但加入激励机制则不同，激励机制将员工个人绩效与企业利润紧密联系，员工想要得到高工资离不开企业的高收益。这样的机制将员工与企业的利益结合起来，形成利益共同体，从而提高了员工对企业的忠诚度。

总结来看，一个企业只有具备了带有激励性质的薪酬体系才有助于降低企业人员的流失，吸引高级人才，减少企业的内部矛盾，增强企业凝聚力，提高企业员工的综合素质，从而提高劳动生产率，完善企业的机制。

7.1.2 激励的基本原则和内容

激励机制设计实际上是对企业利益分配的设计过程，但是很多管理者在激励机制分配过程中发现企业的薪酬激励机制并不能够真正对企业起到激励作用，这是因为他们没有遵循激励机制的基本原则。

激励机制的分配应该以"人创造的价值大小"为分配原则，论功行赏，即员工为企业创造了多少的价值，就应该得到相应的回报。

因此，在激励薪酬制度中要注意遵循公平原则，包括分配公平、过程公平和机会公平。

①分配公平指企业在进行激励薪酬分配措施时，应符合公平的要求，按照员工绩效评估和制度规则进行公平分配。

②过程公平指在企业依据的决策标准或方法应该符合公正性原则，程序公平一致，标准明确，过程公开等。

③机会公平指企业赋予所有员工同样的发展机会，包括组织在决策前与员工互相沟通，组织决策考虑员工的意见，主管考虑员工的立场，建立员工申诉机制。

从激励的内容形式上来看，非常丰富，具体见表7-1。

表7-1　激励的内容

项　　目	说　　明
薪酬激励	薪酬激励是最常见，也是对员工最为实在的一种激励形式，员工通过自身的努力可以得到额外的激励薪酬
福利激励	随着人们物质生活水平的提高，员工越来越看重企业的福利，丰富的福利激励可以提高员工的满意度
竞争激励	有竞争才有压力，有压力才有动力，竞争激励可以激发员工工作的动力，让员工产生危机感
授权激励	授予当事人更高或更重要的权利，来激发当事人的潜力，取得更优异的成绩
股权激励	股权激励也称为期权激励，是企业为了激励和留住核心人才而推行的一种长期激励机制，是目前最常用的激励员工的方法之一
晋升激励	员工从低一级的职位提升到新的更高的职务，同时赋予与新职务一致的责、权、利的过程
情感激励	通过强化感情交流沟通，协调领导与员工的关系，让员工获得感情上的满足，激发员工工作积极性的一种激励方式
荣誉激励	主要是把工作成绩与晋级、提升、选模范、评先进联系起来，以一定的形式或名义标定下来，主要的方法是表扬、奖励、经验介绍等。荣誉可以成为不断鞭策荣誉获得者保持和发扬成绩的力量，还可以对其他人产生感召力，激发比、学、赶、超的动力，从而产生较好的激励效果

续表

项　　目	说　　明
信任激励	信任激励是一种基本激励方式。上下级之间的相互理解和信任是一种强大的精神力量，它有助于单位人与人之间的和谐共振，有助于单位团队精神和凝聚力的形成，对员工的信任主要体现在平等待人，尊重下属的劳动、职权和意见上
榜样激励	指领导者选择在实现目标中做法先进、成绩突出的个人或集体，加以肯定和表扬，但要求大家学习，从而激发团体成员积极性的方法
目标激励	通过推行目标责任制，使企业经济指标层层落实，每个员工既有目标又有压力，产生强烈的动力，努力完成任务
示范激励	通过各级主管的行为示范、敬业精神来正面影响员工
尊重激励	尊重各级员工的价值取向和独立人格，尤其尊重企业的小人物和普通员工，达到一种知恩必报的效果
参与激励	建立员工参与管理、提出合理化建议的制度和职工持股制度，提高员工主人翁参与意识
关心激励	对员工工作和生活的关心，如建立员工生日情况表，总经理签发员工生日贺卡，关心员工的困难和慰问或赠送小礼物
自我激励	包括自我赏识、自我表扬、自我祝贺
文化激励	企业文化是推动企业发展的原动力。它对企业发展的目标、行为有导向功能，能有效地提高企业生产效率，对企业的个体也有强大的凝聚功能。优秀的企业文化可以改善员工的精神状态，熏陶出更多的具有自豪感和荣誉感的优秀员工
赞美激励	所有人渴望得到别人的赞美和肯定。赞美是一种非常有效而且不可思议的推动力量，它能赋予人一种积极向上的力量，能够极大地激发人对事物的热情

　　表格中的激励方式属于正面激励，它指对激励对象的肯定、承认、赞扬、奖赏、信任等具有正面意义的激励方式。除了正面激励之外，还有负面激励。

　　负面激励与正面激励相对应，指对激励对象的否定、约束、冷落、批评、惩罚等具有负面意义的激励方式。负面激励指当员工的行为不符合企业需要时，将给予惩罚或批评，使之减弱和消退，从而来抑制这种行为。负激励的具体表现主要为警告、纪律处分、经济处罚、降级、降薪和淘汰等。

综上所述，可以看到激励的内容形式丰富多样，且不同的激励方式会带来不同的激励效果，管理者选择的范围广泛。

7.1.3 建立激励管理体系

激励体系从概念上来理解，指通过特定的方法与管理体系，将员工对企业及工作的承诺最大化的过程。简单来说，就是给予员工适当的刺激和鼓励，使其更认同企业的目标，并通过自身不断的努力达到该目标的过程。

激励体系的原理包括：研究需求→制定措施→满足需求→激发潜能→诱发动机→引发行为→实现目标。其中的关键在于研究需求和制定措施，下面我们来具体介绍。

（1）研究需求

激励体系的本质就是满足员工的需求，所以激励体系的建立应该从研究员工需求入手。根据马斯洛需求理论我们知道员工的需求存在不同的层次和不同的表现形式。

图 7-1 为马斯洛需求理论示意图。

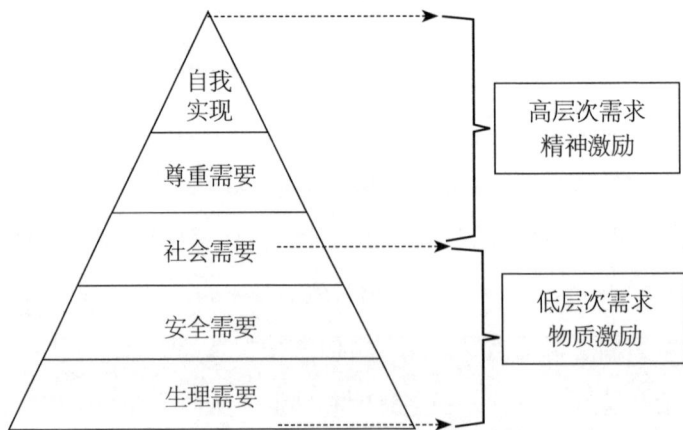

图 7-1　马斯洛需求理论示意图

从图 7-1 可以看到，马斯洛需求理论将人的需求分为了五种需求，两个层次，员工激励可以分别从五种需求对应入手。

①生理需求指为了满足或者是改变生活水平而采取的激励措施，比较常见的就是薪酬激励和绩效激励等。

②安全需求指为满足人身安全，如生活稳定、预防疾病以及防止意外伤害的需求，比较常见的就是福利激励。

③社交需求指满足人们归属感、情感等社交的需求，比较常见的激励方式有团队激励法、情感激励法等。

④尊重需求指对成就或自我价值的个人感觉，包括自尊、自信、权力和地位等，比较常见的激励方式有尊重激励、赞美激励、鼓励激励、信任激励、授权激励和晋升激励等。

⑤自我实现的需求指自我潜能的发挥，比较常见的激励措施有愿景激励、目标激励、竞争激励、危机激励和榜样激励等。

了解员工的需求类型之后就可以有针对性地对员工的需求进行调查，研究归类。例如可以通过大面积的员工访谈、问卷调查等方法，收集、研究企业各岗位各部门，如营销类、研发类、工程技术类、生产或服务类、专业职能类等，以及各职务级别，如高层、中层、基层等岗位人员的需求，最后整理形成企业员工需求分析报告。

需要注意的是，高层次的精神需求应该建立在低层次物质需求之上，即只有满足了低层次需求之后，人们才会自动追求高层次的需求。同时已经获得满足的低层次需求也不再具备激励作用。

所以管理者要激励某位或某一类员工，就需要知道他处于哪一层次，然后去满足其层次的需求。

（2）制定措施

根据员工的需求研究报告，基于不同职系、不同层级员工的需求，从物质到精神层面设计不同的激励措施来刺激员工的欲望，改变他们的行为动机，提高其工作的积极性，从而实现员工的个人目标、团队目标，进而实现企业的战略目标。

在设计员工激励措施内容时，注意低层次需求和高层次需求结合，使用内外激励结合的方式进行制定。

外在激励指除工作本身带来的激励以外的奖赏，包括报酬的增加、职务的提升等。

内在激励指工作本身带给人的激励，包括工作本身的趣味、让人有责任感、成就感等，使人自身产生一种发自内心的激励力量。

内外结合的激励措施效果更持久，也更强烈。图 7-2 为内外结合的激励措施结构。

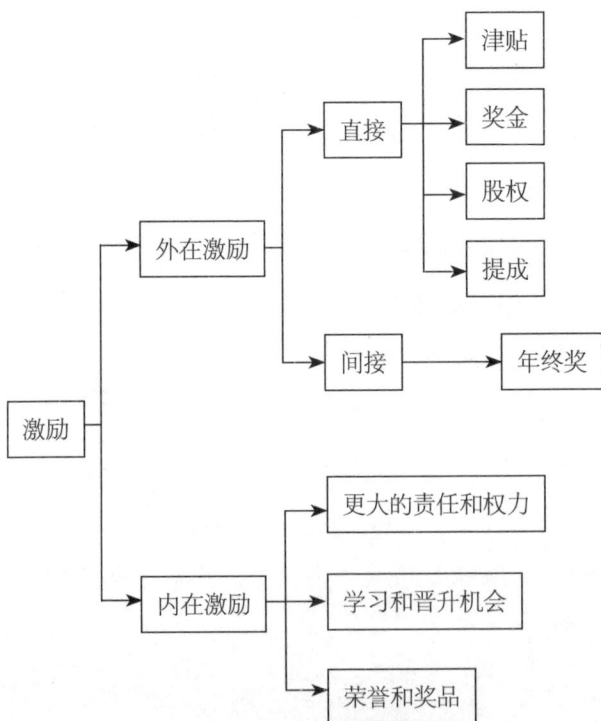

图 7-2　内外激励结合

另外，在制定措施时一定要考虑员工的岗位层级和岗位工作特点，通常层级越高的员工往往更看中内在激励措施，而层级越低的员工则更看中外在的、直接的激励措施。

案例实操 员工激励方案设计

一、目的

（1）为了吸引和保留骨干员工，激发各岗位员工的工作激情，提高员工的满意度与忠诚度，进而提高企业的核心竞争力。

（2）通过运用各种有效的激励措施，使员工认同企业文化，热爱企业，使企业的激励政策在同行业间保持绝对优势。

二、激励原则

（1）明确性。

（2）合理性。

三、激励对象

全体员工。

四、激励措施

（1）开展优秀员工评选工作。

①企业评选年度优秀员工，具体评选方法可根据员工工作业绩、工作态度、出勤情况，参照优秀员工评选方案。表现良好的员工，给予一定的物质奖励与表扬。

②荣誉激励及物质激励结合的方式可提升员工积极性。

③为评上优秀员工可在员工中间形成竞争，提升工作积极性。

④被评上优秀员工的人稳定性会增强。

（2）开展销售周冠军评定工作。

①以门店为单位，销售周冠军分为棉品、用品、快销产品。

②开会时，摆上周冠军座位牌。

③在门店张贴栏上，张贴周冠军照片。

④获得周冠军者，部门可为其申请一定的奖金。

（3）任务分化激励。

①推行目标明确制，使企业任务指标层层落实，明确每个店的任务目标，再落实到每个店员的月度目标。既有压力又有奖赏，产生强烈的动力，努力完成任务。

②对超额完成任务的员工给予表扬。

③对未完成任务的门店或个人给予适度的负激励。

（4）竞争激励。

①组织开展门店与门店之间的竞争，营造你追我赶的工作氛围。

②开展培训考试。

（5）福利激励。

①对于员工工资可制定工龄工资，在本企业每工作满半年的员工每月可给予25元的工龄工资。每满一年的员工每月给予50元的工龄工资，依此类推，工龄工资200元封顶。

②对于每月全勤的员工，给予100元的全勤奖金。

③员工生日问候：每位员工生日时，由企业总经理签发员工生日贺卡及生日礼物，表达对员工的祝福。总经理鼓励会增强员工工作热情，并且使员工感受到企业的重视。

④节日福利：值春节、端午、中秋等传统节日为全体员工发放节日物资或补贴；妇女节为全体女职工发放纪念品；儿童节为员工14岁以下子女发放节日礼物。

⑤员工大事福利：当员工逢婚、育、大病和丧事等个人大事时，公司给予员工礼金或慰问金。

⑥交通福利：报销每月离店车费，外地员工由企业安排统一购票，并为外地员工报销春节探亲路费；高级管理人员春节回家可报销飞机票。

⑦各种补贴：伙食补贴、住房补贴、高温补贴、取暖补贴、特困补贴。

⑧季度福利：每一季度对企业所有员工发放日常生活用品（洗衣粉、肥皂、纸巾和棉帕）。

⑨企业特殊日子：在企业特殊日子（年会、周年庆典、上市）聚餐庆祝，发放礼品，具有特别的意义。

（6）工作中的十点。

①问好：经常向员工寒暄问好，可极大地增加亲和力。

②谈心：经常与员工交谈，既便于了解情况，又便于征求意见。

③表扬：对业绩突出的员工给予表扬，对工作认真的员工也应适当鼓励。

④培训：经常有针对性地进行新知识培训，提升每个业务员的专业技能。

⑤考核：建立考核体系，评估所有员工的表现，作为奖赏和升迁的参考。

⑥晋级：对于那些业务成熟的员工，应该及时地晋级。

⑦换工：允许企业员工在公司内部调换工作，以激发他们的活力。

⑧充电：提供各种轮岗机会，丰富员工的工作经验，消除他们的倦怠感。

⑨定向：帮助员工根据企业目标来确立个人发展目标，将员工发展与企业发展联系起来。不断地给予他们以崭新的工作、创造的机会和竞争的环境，增强他们对自己的信心。总之，应和员工一起追求更高的业绩、攀登更高的目标。

⑩统一：员工的年龄和学历往往不同，应避免因此造成态度和价值上

的差异。应将员工的处事态度、专业知识、岗位技能和健康状况作为升迁的标准。同时，不要因为员工的适应性较差，就匆忙地对他的工作能力进行彻底否定。

可以看到，实例中的激励方案内容丰富，包括荣誉激励、任务激励、福利激励、竞争激励、培训激励、晋级激励和表扬激励等，通过物质与精神结合的方式全方位地对员工进行激励。

该公司是一家销售企业，员工的工作内容以销售为主，所以员工的激励方案围绕员工的销售业绩，更能对员工起到激励作用。例如，优秀员工评选、销售周冠军评定、门店业绩竞争等。

另外，在员工的基本需求方面，企业给予了员工丰富的福利激励，福利内容丰富包含工龄工资、生日问候、全勤奖励、节日福利、交通福利、各种补贴、季度福利和企业特殊日子福利。

7.1.4 员工激励的特点

激励实际上是对员工潜能的发掘和刺激，无法通过精准的计算来对激励的效果进行预测和评估，所以员工激励具有下列特点。

（1）激励的结果不能事先感知

激励是通过外界各种物质或精神的刺激和鼓励，激励员工更加努力地投入工作，激励的过程是人心理活动的过程，激励的结果并不能够事先感知，所以管理者在激励实施之前要对激励有一个正确的认识。

（2）激励产生的动机行为是动态的

激励方案对员工产生的行为是动态的，不是一成不变的，例如同样的1 000 元奖金激励，对于刚入职的新员工来说激励性较强，能够对其产生很好的激励效果，对工作几年的正式职员却效果不大。

因此，管理者必须以动态的观点认识这一问题，针对不同的情况，和外界不同的变化，及时对激励方案做出调整和更新。

（3）激励方法因人而异

激励方法是因人而异的，从激励的对象来看，由于激励的对象是有差异的，所以人的需要也千差万别，从而决定了不同的人对激励的满足程度和心理承受能力也各不相同。要求对不同的人采取不同的激励手段，尤其是针对企业中的核心员工，管理者需要深入分析其心理需求，采取适当的激励方案才能满足其需要。

（4）激励的作用是有限度的

管理者需要明确的是，激励的作用是有限度的。激励不能超过人的生理和能力的限度，应该讲究适度原则。激励的目的是使人的潜力得到最大限度的发挥。但是，人的潜力不是无限的，受到生理因素和自身条件的限制，所以，不同的人发挥的能力是不同的。

管理者对员工激励的特点有了清晰的认识，才不会出现对激励效果过高预期的情况，也能制定出更符合实际，更实用的激励方案。

7.2 管理者容易走进的激励误区

实际上，很多的企业管理者都明白激励的重要性，也在企业中建立了不同程度的员工激励机制，但是部分企业的激励效果不明显，不能有效激发出员工工作的主动性和创造性，这很有可能是管理者陷入了激励误区中。下面我们来看看常见的激励误区有哪些。

7.2.1 金钱至上，以为钱可以解决一切问题

物质激励是激励中很重要的一环，但不是唯一。如今物质生活丰富，尤其新生代员工，他们大多为独生子女，生活条件富足，如果企业只采用单纯的金钱激励而忽视其他方面，并不一定能收到很好的激励效果，反而可能会导致许多新生代员工频频离职，因为他们认为自己的价值没有被充分地体现和理解。

首先金钱激励存在以下几点问题。

①金钱对不同的人存在不同的价值，尤其是对于收入不同的员工。同样的金钱激励对一些员工来讲可能非常重要，但对另一些员工来说，可能就不那么看重。

②金钱激励必须公正，一个人对他所得的报酬是否满意不是只看其绝对值，而要进行社会同行比较或历史比较。通过相对比较，判断自己是否受到了公平对待，从而影响自己的情绪和工作态度。

③金钱激励容易刺激员工更高的欲望，这就要求企业需要不断提高激励的额度，否则不能对员工起到激励作用。

④金钱激励的企业容易出现平均主义，而平均主义在激励中又是最忌讳的，平均分配的金钱激励等同于无激励，对员工起不到任何的激励作用。

案例实操 过度使用金钱激励引起负面效应

张先生是一位门店的店长，他发现近期店铺业绩有明显下滑的趋势，听了朋友建议之后张先生相信"重赏之下，必有勇夫"，于是就制定了一系列高刺激性的销售激励政策。

规定销售人员以销售业绩作为奖金发放的原则，销售业绩越高，得到的奖金也就越高，当月的销售冠军还有更高的奖励，大家瞬间干劲十足，

明显销售态度不同于以往，一个月之后业绩果然有飞速地增长。

但是好景不长，三个月之后，张先生感觉大家的状态好像又回到了原点，对于激励的手段也开始意兴阑珊，张先生感到很茫然，不知道是不是要提升激励的力度。

可以看到，案例是比较典型的单纯以金钱作为激励的做法，激励的结果却不如预期，这是因为张先生过度使用金钱激励，从而引起了负面效应，具体负面表现如下所示。

①金钱激励让员工形成了有钱有动力的工作习惯，员工与经营者之间的联系以金钱决定，员工与企业之间缺乏忠诚度，所以员工容易出现利益至上的情况，一旦发现其他企业的钱更多就会马上离职。

②表面上看，案例中的激励比较规范，以业绩为依据，但实际上不是。案例中的激励完全以员工的业绩为主而忽略了影响业绩的其他情况，例如员工的售后服务、客户满意度以及销售技能等。这样的做法使得员工为了激励结果而专注业绩，忽略其他关键，正确的激励应该是来自技能提升之后的业绩增长。

③张先生制定的激励方案，让员工注重短期眼前利益，而纷纷投入工作，但这种做法导致员工职业疲态提早出现，无法得到恢复。

④金钱激励只能带来短期的快乐，这种动力维持的时间较短，将会逐步消失，员工们不但不像刚刚获得奖金时那么欢呼雀跃，甚至他们连奖金的具体数目都记不起来了。这是因为，金钱本身并不能对一个人产生持续的刺激作用。

因此，案例中的张先生应该以金钱和非金钱激励结合的方式对员工进行激励，想要长期激励员工，非金钱激励的方式比金钱激励更为有效。

7.2.2 激励的方式过于单一

激励方式单一是当前企业比较常见的一个激励误区。实际上，员工与客户一样有不同需求，或者从事不同的岗位，他们有不同的心理需求，所以应该采取差异化的激励方式。单一的激励形式，不仅激励效果低下，而且还对企业的资源造成了大量的浪费。

案例实操 **销售岗位以薪酬激励为唯一的激励方式产生的弊端**

某企业以销售商品为主要业务，企业中的激励以薪酬激励为唯一的激励方式，绩效考核为"底薪＋提成＋绩效"的模式。员工的底薪普遍较低，提成较高，每月将"底薪＋提成"总工资的30%作为绩效工资，以"底薪＋提成＝10 000元"为例，其中有3 000元作为绩效工资。

绩效工资根据不同的绩效考核权重分解到不同的指标上，然后管理者对其进行打分，得分为100分者，可以得到全额绩效，100分以下按照绩效比例得到相应的绩效工资。但员工100分的情况较少，即员工每个月都会被扣掉几百元。

这种方式比较常见，也是销售企业中使用较多的一种薪酬激励方式，但是这种激励模式造成的弊端也是比较明显的，具体如下所示。

①只有少部分员工能拿到高薪，大部分员工拿到的薪资较低。

②企业只对直接报酬，特别是工资很重视，员工的薪酬结构没有将物质激励和非物质激励融合。

③薪酬没有真正体现多劳多得的分配原则。企业在定薪时没有重视员工的知识、技术和管理的作用。没有根据不同的岗位和工作性质，采用多样的报酬方式。

④薪酬的激励作用没有充分发挥，企业实行的还是单一工资而非多样化的薪酬结构，静态工资而非动态报酬，所以薪酬对员工的激励作用没有

充分发挥出来。

想要改善案例中的激励情况，需要从以下三个方面入手。

（1）建立合理的薪酬结合

首先管理者需要为员工制定合理的薪酬结构，要求做到公平、公正，且具备竞争力。要求管理者充分考虑外部和内部公平，从企业岗位分析和评估着手，进行有效的薪酬设计，建立相对公平的薪酬结构，解决薪酬的外部公平问题。合理薪酬结构的关键部分是薪酬设计，企业管理者设计适合本企业的薪酬方案需要考虑多方面的因素，其中包括：企业内部的盈利能力和支付能力、人员的素质要求；企业发展阶段、人才稀缺度、招聘难度、企业的市场品牌和综合实力等；员工个人职位等级、技能、资历和个人绩效等。

（2）建立多层次的激励机制

根据员工的总体需求，在企业中建立起多层次的激励机制，合理确定员工的总体报酬。在薪酬构成上增强激励性因素，建立和实施多跑道、多层次的激励机制。员工不但有物质上的需要，更有精神方面的需要，因此企业必须综合运用多种激励机制。通常的激励方式有荣誉激励、福利激励和成长激励等。

（3）实现物质奖励与精神鼓励的统一

薪酬如今早已不是单一的工资了，从对员工激励的角度上讲，可以将薪酬分为两类：一类是外在激励性因素，如工资、固定津贴、社会强制性福利、企业内部统一的福利项目等；另一类是内在激励性因素，如员工的个人成长、挑战性工作、工作环境和培训等。两者相辅相成，缺一不可。

如果外在的因素不能够满足员工的期望，会使员工感到不安全，出现士气下降、人员流失的情况。但如果内在的需求得不到满足，会使员工懈怠，觉得没有挑战性。

因此，激励设计应该多层次，针对不同的员工，对工作安全、家庭照顾、发展潜力和培训机会等不同的需求进行设计。同时，管理者必须正视和完善物质报酬之外的精神报酬。

7.2.3　激励缺乏层次感

根据前面介绍的马斯洛需求理论，我们知道员工的需求分为高层次需求和低层次需求，如果一味采取低层次的激励方式或者采取不符合员工心理需求的激励方式，便无法起到有效的激励效果。

进一步查看马斯洛需求理论的五个需求由低到高，具体如下所示。

①生理的需求，如衣、食、睡、住、行。

②安全的需求，如保障自身安全、摆脱失业和丧失财产。

③社交的需求，如情感、交往、归属要求。

④被尊重的需求，如自尊，受人尊重。

⑤自我实现的需求，指自发、自愿处理问题，独立且不受束缚的想象力，反潮流精神，创造力等。

可以发现生理需求和安全需求是最基本的生活需求，而社交需求、被尊重需求和自我实现需求则是高层次的需求。这些需求具有以下四个特点。

◆ 在某一阶段上，人的多种需求并存，但只有一种需求处于主导地位。

◆ 在不同时期，需求结构在动态变化，大致是逐步从低到高、从外部向内部满足。

◆ 满足上行机制，尚未满足的较低层需求处于主宰地位，只有在满足它之后，紧邻的高一层需求才被激活成为主宰。

◆ 挫折下行机制，高一层需求在未得到满足，受到挫折后，低一层次的需求重新成为主宰。

实际上，因为生理需求是推动员工劳动的主要动力，也是保障员工生活的基础，激励的意义不大，所以高层次的需求更具备激励效果。这就要求管理者在制订激励方案时，需要具备层次感，在保障员工基本生理需求的基础上，还要尽量满足员工的高层次需求。

7.2.4 不要开"空头支票"

空头支票，指不能兑现，取不到钱的支票，比喻不准备实现的诺言。在员工激励中最为忌讳的就是经营者对员工开出空头支票。

案例实操 老板的"惊喜"

员工陈某接洽了一单大生意，可以给公司到带来近20万元的收益。为了鼓励陈某拿下这一单，老板说："陈某，只要你把这单生意谈下来，我一定给你意外的惊喜。"陈某当时想，难道要送一辆车给我？

一听有惊喜，陈某立即明白，可能会有额外的奖金。于是陈某努力奋斗，坚持跟单，积极寻求机会，各种奔忙，终于在两个月后把这个大单子拿下来了。到了公司发提成的日子，陈某怀着无比激动的心情等着老板的"惊喜"。

老板给了陈某一个信封，里面有6 000元，但公司业务的正常提成为3%，也就是陈某原本就应该得到的提成，并没有所谓的惊喜。

然后，老板拿出一副毛笔字，上面写着"优秀员工"，下面是老板的落款。老板还兴奋地拍了拍陈某的肩膀，说："怎么样？喜欢吧？这是我亲笔写的，送给你了。"

陈某无语了，这就是"惊喜"？老板随后继续说道："你知道吗？国外一个科学家发明了一项超级发明，起码价值上亿元，那个科学家跟他所在公司的老板邀功，他的老板只是亲自剥了一根香蕉给他吃，然后那个科学家就感动坏了……"。

最后，陈某辞职了。

乱开空头支票，让员工抱有期待，随后却无法实现，就是失信。作为一家企业的经营者对员工轻诺寡信，必然会引起反噬。因此，经营者在激励员工时，不能为了激励效果而可以夸大和诓骗，应该结合实际情况，给予员工激励承诺，这样才不会失信。

7.2.5　注意激励的时效性

每一种激励方式的作用都具有一定的时间限度，如果超过时间就会失效。所以激励不是一蹴而就，需要持续进行。但是很多管理者忽略了激励时效性的问题，他们以为只要激励过员工，员工就能永远受到激励，努力工作了。

实际上，随着时间的流逝，激励的效果也会逐渐下降，长的激励方式可能会维持6个月，短的激励方式可能会维持1～3个月。以信任激励为例，如果管理者给予下属一定的信任，之后却没有持续跟进，那么随着时间流逝，对员工的激励效果也会逐渐下降，甚至完全消失。

鉴于激励的时效性问题，可根据激励是否及时分为及时激励、超前激励和滞后激励三种类型。

及时激励。指鉴于员工的工作结果或优秀表现，在当下及时给出的奖励。

超前激励。指员工还没有做出成绩就提前给予员工激励奖励，促使员工积极投入工作。

滞后激励。指员工取得了优秀的工作结果后没有给予奖励，而是过一段时间后再给奖励。

三种激励方式对比而言，及时激励的激励效果更佳，能够及时满足员工的需要，激发员工的工作动机。而超前激励会使员工漠视激励，从而弱化激励对员工的作用；滞后激励失去了激励的意义，会让员工感到意外，但可有可无，激励效果不明显。

综上所述，根据激励的时效性要求，管理者在员工有良好表现或杰出贡献时就应该及时给予奖励。等待的时间越长，激励的效果越可能打折扣。

7.2.6　过度激励有隐患

员工管理中，适度的激励确实可以对员工起到激励作用，提高员工工作的积极性，从而提高员工的工作效率。但是，过度的激励会让员工对激励形成一种依赖，让员工养成"无激励，无动力"的习惯，以至于员工注意力全部集中于激励，而不会再以工作为重点，这无疑会给企业的经营和发展埋下隐患。

过度激励会给企业经营带来许多危害，具体来看包括下列三点：

①过度激励主要表现为给员工变相涨工资，连续且过度的激励，使员工觉得被激励是一件理所应当的事情，减弱激励效果。

②过度激励会使企业的激励成本大幅度上升，增加企业的经济压力，不利于企业的长期发展。

③过度激励会导致员工出现过劳情况。从激励的心理来看，一个人受到激励后首先会在心理上产生紧张感，随后产生对完成目标而获得某种报酬的心理压力，在动机的驱使下会产生实现目标的行为，这种行为本身就是一种需要消耗体力和智力的劳动，劳动会产生生理压力也会产生心理压力。当压力超过人的承受能力时就产生了疲劳，疲劳积累的结果就是过劳。更重要的是，如果一个经常处于过劳状态的人，不能得到有效地休息、调整很可能会突发某种疾病，甚至突然死亡。

但是，警惕过度激励的要求并不是要求管理者不激励，或不充分激励。激励不当分为两种，即激励不足和过度激励，激励不足时也会出现员工缺乏工作积极性，不能发挥最大潜力，使工作效率下降的情况。

因此，只有适当的激励，才会有积极的意义，只有科学的激励设计，才能够最大限度地发挥激励的作用，这就要求管理者要了解激励程度与员工潜在能力之间的联系。

潜在能力的发挥与激励程度存在正相关的关系，即对一个人采取的激励措施越有力，其发挥潜在能力的积极性越大，从而能力实现的程度越高。

但是要注意以下两个问题。

①能力实现与激励程度之间并不能够以简单的线性关系来理解。当没有激励时，员工的能力也能够发挥。但是出现激励，员工的潜在能力能够得到激发，随着激励程度的不断增强，员工的潜力也会不断增加。但是，这种潜力并非没有极限的，当员工的能力达到某一临界值时，激励继续增大也无用。

②能力实现程度与个人获得激励预期密切相关。即当一个人认为自己能够通过努力获得激励的预期越肯定，其发挥潜在能力的积极性就越高，从而能力实现程度就越高。当一个认为自己根本不可能通过努力获得激励时，这个人将几乎不可能发挥潜在能力，能力实现程度将很低。所以，管理者需要从心理上肯定员工，给予鼓励。

第8章

选对方法
新生代员工激励方式全解

前面我们介绍了员工激励，知道了激励的重要性以及激励的多种方法，下面我们进一步了解激励方法的特点，以便管理者能够从中选择出真正适合的激励方法。

8.1 普遍适用的非物质激励方式

我们知道激励分为两个大的类型，即物质激励和非物质激励。物质激励需要考虑企业的经营状况、激励成本以及员工薪酬水平等，但非物质激励则不同，限制条件较少，普遍适合各类企业。

8.1.1 竞争激励，营造危机感让员工更自觉

竞争激励是将优胜劣汰原则引进企业工作，给员工营造出危机感，促进员工更积极、自觉地投入到工作中。竞争激励的强化与奖惩激励的强化不同，竞争激励不是自上而下，而是竞争对手间相互的强化激励。它不是外部诱因的刺激，而是内心激奋的结果。

竞争激励在企业中比较常见到的是末尾淘汰制。企业根据制定的总体目标和具体目标，再结合各个岗位的实际情况，设定一定的考核指标体系，以此指标体系为标准对员工进行考核，根据考核的结果对得分靠后的员工进行淘汰的绩效管理制度。

末位淘汰制可以给员工形成一定的压力，激发员工的积极性，通过有力的竞争使企业处于一种积极向上的状态，进而提高员工的工作效率和部门效益。

但是竞争激励使用不当也会给企业带来灾难，具体如下：

①内部竞争会导致员工之间，以及部门之间产生对抗和摩擦，增加冲突的可能性，影响企业团队的凝聚力。

②竞争管理不当容易形成恶性竞争，导致企业生产力或效率下降。

③激烈的竞争会导致企业中人际关系紧张，成员心理压力增大。

因此，竞争激励应该建立良好的竞争关系，让员工自觉自愿、心情愉快舒畅、积极主动地工作，而不是一种被迫的行为状态。

8.1.2 授权激励，适当授权激发责任心

授权激励指授予当事人更高或更重要的权利，以此激发当事人的潜力，取得更优异的成绩。授权激励是员工管理中最有效的激励方式，授权让管理者下放手中的权利，以便管理者能够更专注于核心工作。对下属而言，授权意味着承担的权责更重，承担意味着被信任，从而迸发出巨大的工作热情，产生无限的创造力。

但需要注意的是，授权不等于放权，所以管理者应该把握授权的幅度，以便权利能放、能控、能收，做到真正的有效授权。

授权激励主要包括三个步骤，即确定授权任务、选择被授权的人、选择合适的授权方式。

（1）确定授权任务

管理者在授权之前要明确授权的任务，即哪些任务和工作是可以授权的，哪些是决不能授权的，并在授权之前理清授权任务的重点、目标、进度以及范围等，因为盲目授权比专权更可怕。

确定授权任务要求管理者清晰授权的范围，具体见表8-1。

表8-1　授权的范围

授权分类	工作分类	具体工作内容
必须授权的工作	本来不该亲自去做的日常事务	常规化的日常工作和活动
应该授权的工作	下属能够完全胜任的事务	准备报告、监管项目、收集资料以及代表出席会议等
可以授权的工作	具备难度、挑战性或需要技能才能胜任的工作	需要具备专业的技术或能力才能解决的问题
不可以授权的工作	关系公司未来发展的重要经营问题、选拔员工或绩效考核等	公司发展计划、员工任命问题以及绩效管理等

（2）选择被授权的人

确定了授权任务之后，下一步就是选择被授权的人。能力是选拔人才的前提，要求被授权的人能够承担授权的任务。另外，还要充分考虑被授权人的品德，避免权力被滥用的情况发生。

选定了被授权的人之后，还需要对其进行一定的监督，可建立监督机制。监督能够在很大程度上避免被授权者出现徇私舞弊的情况发生。

（3）选择合适的授权方式

根据授权的权责范围不同，可分为五种授权方式，具体如下所示。

◆ **充分授权：**充分授权也叫一般授权，指上级在下达任务时，允许下属自己决定行动方案，并能进行创造性工作。以这种方式进行授权并非上级向下级指派特定任务，而是上级向下级发布一般工作指示。

◆ **不充分授权：**不充分授权又被称为特定授权或刚性授权，指上级行政主体对于下属的工作范围、内容、应达成的目标和完成工作的具体途径等都有详细规定，下级行政主体必须严格执行这些规定。在这种形式中，被授权者的职务、责任和权力均有明确的规定。

◆ **弹性授权：**弹性授权也被称为动态授权，指在完成任务的不同阶段采取不同的授权方式。运用弹性授权时根据授权的范围和时间，以及实际需要对授予下属的权力予以变动。

◆ **逐渐授权：**指管理者不一次性地授予权力，而是根据具体情况逐渐授权。通常公司管理者在授权之前要对下属进行严格考核，全面了解下属的能力等情况。当管理者对下属能力不完全了解就会采用逐渐授权的方式。

◆ **制约授权：**制约授权也被称为符合授权，就是将某项任务的职权分别授予两个或多个子系统，使子系统之间产生相互制约的作用，以免出现疏漏。制约授权通常出现在授权之后，在下属个人或组织之间形成相互制约的关系。

另外，授权中的一些陷阱还需要管理者们警惕，否则不仅不会起到激励员工的作用，还会引发一系列问题。

避免盲目授权。 授权的关键在于将适合的权力范围给适合的人，这就要求管理者不仅要充分了解被授权员工，还要了解授权的范围。

避免反向授权。 反向授权指下属将本该自己承担的责任返还给上级，将原本由上至下的授权，转变成了由下至上的逆向情况。反向授权通常发生在员工遇到问题时，以不能解决为由，交还给上级，非但不能帮管理者减轻工作压力，还会造成员工的畏难情绪。

避免越级授权。 越级授权指间接上级对间接下级所进行的授权。越级授权会导致中层领导管理被动，不利于发挥他们的积极性。此外，还容易引起工作秩序上的混乱。

避免重复授权。 重复授权指同一件事情授权给多人执行。重复授权容易引发工作混乱，引起员工之间的不良竞争。

避免多人授权。 多人授权指多个领导授权一个人，导致一个下级要接受多个领导安排的任务，这样会过度增加员工的工作量，影响工作效率。

故此，一个智慧的管理者应该知道如何使用授权激励员工，并对其进行适度的监管，还能够避免进入授权雷区，不影响最终的授权效果，使员工得到充分激励。

8.1.3　赞美员工也需要技巧

美国心理学家威廉·詹姆斯说："人类本性上最深的企图之一，是期望被赞美、钦佩、尊重。"由此可以看出，每一个人都希望能得到他人的赞美和肯定，员工也是如此，每位员工都希望能得到领导的肯定。所以，如果管理者能巧妙运用赞美来激励员工，便可以有效激励员工的内在潜能。

案例实操 赞美的力量

心理学家赫洛克，找来一群志愿者，将他们分成四组完成任务，并给他们的任务结果打分。

第一组"受表扬组"，在每次完成任务后，会受到表扬。

第二组"受训斥组"，永远被批评。

第三组"被忽视组"，既得不到表扬、也不会被批评。

第四组"被隔离组"，被完全隔离，任务完成也不给予评价。

得到图 8-1 所示的结果。

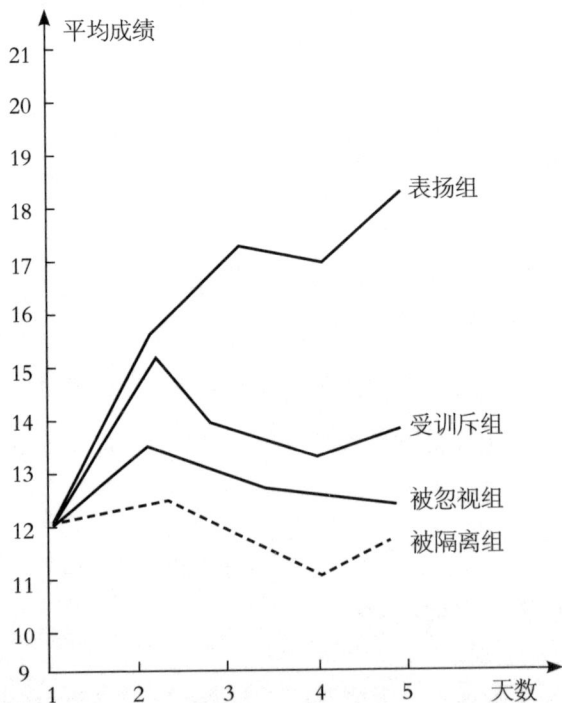

图 8-1　赫洛克效应

从图 8-1 可以看到，在基准平均成绩相同的情况下，第一组成员受到表扬后，成绩逐渐提高，平均成绩最高。由此可以看出，表扬的重要性。

在实际企业的经营管理中，很多管理者知道赞美的重要性，但激励效果不明显，其原因在于他们在实施过程中，没有注意赞美的技巧。

赞美激励包括赞美的场合、赞美的内容和赞美的时机，下面来依次分别介绍。

（1）赞美的场合

赞美的场合可以分为公开赞美和私下赞美两种，不同的赞美场合会带来不同的效果。

其中公开赞美分为两种情况：一是正式的赞美，即通过公司的书函或文件在公司内部进行公示，公开对某员工的某一行为或表现做出赞美；二是在公开的场合中，直接向某员工发出赞美。两种公开赞美的方式都能对员工起到激励的作用。但需要注意的是，公开赞美的激励方式有可能会给被赞美员工带来一定程度上的困扰，例如被当作榜样，而承受更多的压力，引发员工的不安情绪。

私下赞美指领导在私下场合对员工的某一行为或表现做出鼓励和赞美，从而对员工起到激励作用。

公开赞美和私下赞美需要结合实际的情况进行选择，并非所有的赞美都适合私下，也并非所有的赞美都适合公开。

（2）赞美的内容

员工某一方面如果有突出的表现，常常会受到领导的赞美，但需要注意的是员工出色的地方不同，赞美也应该有所区别。如果员工在本职工作上有突出表现时，领导应该就其工作业绩和结果进行赞美，鼓励员工更努力地专注工作。

但如果员工在与工作无关的事情上有突出表现时，就要注意表达了，否则很容易产生歧义，让员工觉得尴尬。例如"你做的 ×× 真的好厉害啊，你当初怎么不做这一行呢？如果你做这个的话，肯定会有一番成就的。"

（3）赞美的时机

赞美要讲究时机，当员工的工作取得一定成绩，或表现良好时，应该及时赞美，才能激发员工的满足感，获得成就感。如果事后对员工赞美，此时员工的热情已经褪去，赞美的效果则会大打折扣。

8.1.4　懂得尊重，员工工作才投入

尊重是人与人交往的前提条件，当然在员工管理中也是如此，管理者给予每一位员工足够的尊重，员工才能心甘情愿地开展各项工作，也就是尊重激励。

尊重激励是一种以人为本的激励方法，要求管理者以平等的态度对待每一位员工。主要内容包括信任、尊重和支持三个方面。

- ◆ **信任**：信任是尊重的基础表现，员工得到管理者的信任，本身就得到了一种激励。信任包括相信员工的工作能力、处事方法，并给予他们合理范围内的自主决策权。
- ◆ **尊重**：尊重指尊重员工的人格、自尊心和进取心，也接受他们的缺点、弱点。
- ◆ **支持**：主要指支持员工的合理建议和日常工作，给予充分的信任感。

尊重激励比较简单，往往不需要管理者做过多的事情，只需要在日常的工作中注意自己的言行举止即可。

①与员工交谈时要客气有理，尽量避免命令似的语气。

②不要嘲笑员工的缺点或者过失。

③认真听取员工的意见，真诚与其讨论。

④尊重员工人格，不开侮辱人格的玩笑。

⑤平等对待所有员工。

管理者必须明白，员工愿意努力工作的前提是想通过工作业绩得到他人的尊重，而不仅仅是为了金钱。所以如果员工得不到应有的尊重，员工就不会愉快地工作，也不可能提高工作效率。

8.1.5 榜样激励，员工有奋斗目标

榜样激励法指领导者选择在实现目标中做法先进、成绩突出的个人或集体，加以肯定和表扬，要求大家学习，从而激发团体成员工作的积极性。简单来说，榜样激励法是选择一个优秀的员工，让其成为其他员工学习和努力的方向，激励员工努力奋进。

榜样激励分为三个步骤，具体如下所示。

①选择榜样对象。

②对榜样的事迹进行宣传推广。

③给予榜样适当的物质奖励，提高他人学习榜样的动力。

运用榜样激励法时要注意以下几个关键点。

◆ 榜样的树立应该具备公正性和权威性。

◆ 榜样的事迹应该具备实际的学习意义。

◆ 应该引导其他员工正确地对待榜样，防止机械学习或形式主义。

◆ 对于榜样，还要跟踪其后续成长，避免他们骄傲。

8.1.6　培训激励，激发员工的内在动力

培训激励指充分调动员工学习的积极性和主动性，促进员工知识、技能以及专业水平的提高。但是，许多企业组织的培训存在为了培训而培训的情况，即大部分的培训课程都是管理者规定的，而非员工自己想要的。所以形成了员工将培训视为任务，而应付了事的情况。这样的培训自然起不到任何的激励效果。

那么，什么样的培训课程是员工自己想要的？又是管理者想要的呢？此时，可以从员工的角度出发，思考什么样的培训是员工自身需要的，自然是能够促进员工自身职业道路上获得更好发展的培训课程，包括两个方面：一是相关专业的技能培训；二是需要通过相应的专业考试。这样的培训课程，会让员工觉得培训并非完全为了公司，而是为了自身发展的需要，员工的培训才具有动力。

因此，企业的培训应该有针对性、层次性和长期性，才能够达到激励员工的效果。

针对性。企业中的岗位很多，不同的岗位承担不同的职责，尤其是在中型或大型企业中，员工岗位划分更为细致，岗位与岗位之间的职责区别也更大。这就使得我们设计的培训课程应该根据各个岗位的特点，针对性地设计课程内容，而非一揽子培训，完全不管培训内容是否对口。

层次性。在同一部门同一类岗位中也存在不同层级的员工，例如初级技工、中级技工、高级技工以及资深技工。这就要求培训的课程，即便是针对性的技能培训课程也需要具备一定的层次性，不能让资深、高级、中级的技工去学习入门的技能课程，也不能让初级技工直接学习高阶的技术课程。因此，在设计培训课程时应具备一定的层次性。

长期性。员工培训很难通过短期培训出现一个立竿见影的效果，因为知识的积累本身就是一个长期积累的过程，所以想要培训真正起到作用，企业就需要有长期培训的意识。

企业培训包括五个步骤，即培训课程需求分析→培训课程设计→课程开发→教学实施→培训效果评估。其中，最为关键的一步在于培训课程需求分析，如果培训课程需求分析不准确，培训课程自然不会有效，下面我们来重点介绍。

课程需求调查分析，即从多个角度入手分析适合员工的培训课程，再确认课程开展的必要性，开展的培训课程才具有意义。

培训需求分析主要从两个角度入手，具体如图8-2所示。

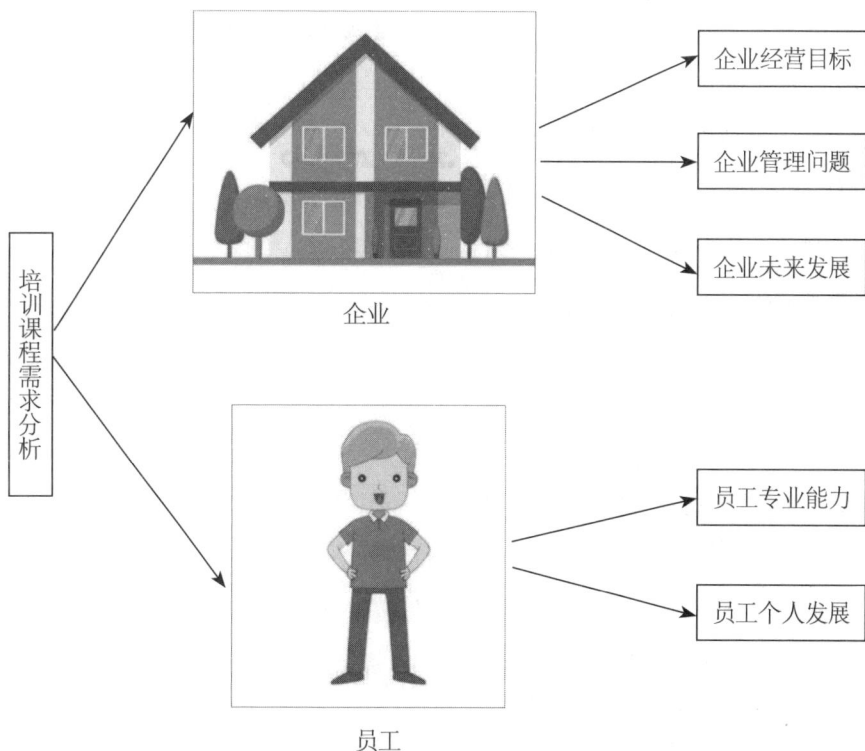

图8-2　培训需求分析

从图 8-2 可以看到，培训课程的需求分析主要从企业和员工两个角度入手，包括五个方面，具体内容如下所示。

企业经营目标。企业的经营目标是企业发展的前提，企业经营目标的完成情况也是绩效考核的关键。经营目标的实现情况反映了员工的业务能力情况，所以分析影响绩效目标实现的原因，是提升员工能力的关键，也是培训需求的所在。

企业管理问题。根据企业管理过程中出现的问题设计培训课程，例如作业流程问题、组织绩效不佳的原因、企业管理中存在盲点的原因等，优化企业管理，促进发展。

企业未来发展。培训应该着力于企业未来的长期发展，根据企业未来发展的需要，提前为企业培养关键型人才。而企业战略目标实现与否的关键，离不开核心人才，这些需要持续不断的培训去提升。

员工专业能力。根据员工岗位说明书，从员工岗位的职务要求与员工能力之间寻找培训的需求，促进员工专业能力的提升。

员工个人发展。根据员工个人志向以及员工个人职业发展的规划方向，来寻求培训课程的需求。

8.2 物质激励更简单

物质激励相对于非物质激励来说，更简单，也更实际。它指的是运用一些物质的方法，使员工得到物质上的满足，从而进一步调动其积极性，更主动地投入到工作中。

8.2.1 薪酬激励制度的设计

薪酬指员工依靠自己的劳动获得的报酬，激励指调动员工工作的积极性，而薪酬激励制度指管理者通过建立科学合理、有竞争力的薪酬制度，来激励员工更积极地投入到工作当中。

设计薪酬激励制度之前，管理者要明确合理的薪酬激励制度应具备下列三个特点。

①设计的薪酬制度应该具备吸引力，才能对员工起到激励作用。

②建立的薪酬制度应该保证企业内部的公平性，这就要求管理者明确评估各个岗位的相对价值。

③员工的薪酬必须与工作绩效相关联，才能对员工工作的动机起到激励作用。

设计企业薪酬制度要遵循一定的流程，具体如图 8-3 所示。

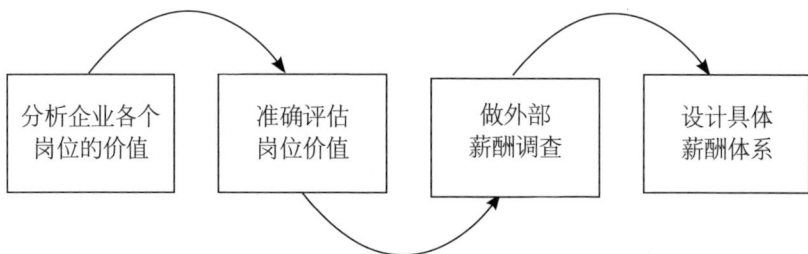

图 8-3　设计流程

（1）分析企业各个岗位的价值

岗位分析是薪酬体系设计的前提，想要精准评估出各个岗位的薪酬水平，首先就需要了解该岗位的工作内容、重要性、难易程度以及价值等，才能消除不同企业间由于职务名称不同，但实际工作要求和内容相同所导致的职务难度差异，使不同职务之间具有可比性，也为薪酬的公平性奠定基础。

（2）准确评估岗位价值

岗位评估又成为岗位价值评估，指在岗位分析的基础上，采取一定的方法，对岗位在企业中的职责大小、工作强度、工作难度、任职条件以及岗位工作条件等进行评估，从而确定该岗位在企业中的价值，并以此确定薪酬分配的水平。

（3）做外部薪酬调查

薪酬设计除了查看企业内部的岗位情况之外，还要放眼于市场，了解当前市场上的行业薪酬水平，才能设计出具有竞争力的薪酬结构，也就是我们常说的薪酬调查。

薪酬调查，从概念上来看，就是通过一系列标准、规范和专业的方法，对市场上各个岗位进行分类、汇总和统计分析，形成一份能够客观反映市场薪酬现状的调查报告，并为企业的薪酬设计提供决策依据和参考。

（4）设计具体的薪酬体系

做好前面的一系列薪酬设计准备工作之后就可以进入薪酬体系设计程序了，也就是根据企业的实际岗位情况建立适合企业的薪酬结构体系。这是薪酬结构设计的最后一步，更是关键性的一步。

设计时需要根据企业实际的岗位情况，选择适合的薪酬模式。常见的薪酬模式有以下五种。

◆ **基于岗位的薪酬模式：** 主要依据岗位在企业内的相对价值为员工付酬，在确定员工的工资时，首先进行岗位评价，然后再根据评价结果赋予与该岗位价值相当的基本工资。

◆ **基于绩效的薪酬模式：** 以员工的工作绩效为基础支付工资，即将员工的绩效同制定的绩效标准相比较以确定工资额度，形式有计件（工时）工资制、佣金制和年薪制等。

◆ **基于技能的薪酬模式**：以员工所具备的技能作为工资支付的根本基础，员工获得报酬的差异主要来自个人本身能力水平的差异，而非岗位等级的高低、绩效结果的好坏。

◆ **基于市场的薪酬模式**：根据市场价格确定企业薪酬水平，根据地区及行业人才市场的薪酬调查结果，来确定岗位的具体薪酬水平。

◆ **基于年功的薪酬模式**：根据员工司龄长短及岗位贡献而支付薪酬的一种管理制度。

因为不同的企业，其岗位设计情况有所不同，所以在薪酬模式的选择上也会存在不同。例如技术性岗位通常选择基于技能的薪酬模式和基于岗位的薪酬模式；管理型岗位或市场型岗位则以基于绩效的薪酬模式为主。

8.2.2 奖金激励，工作更有动力

除了薪酬之外，还有一种常见的物质激励，即奖金。它指根据企业不同的生产和工作要求，按照规定的奖励条件和奖金标准支付员工相应奖金的一种激励方式。

奖金激励是把奖金作为激励的一种手段，如使用得当，能进一步调动员工的积极性。奖金激励方式在现代企业中非常受欢迎，主要原因在于其具有以下两点优势。

灵活性。奖金激励的方式非常灵活，可以根据不同的岗位，不同的任务建立不同的、临时性的或者是长期性的奖金制度，例如单项任务完成奖、超产奖、团队奖以及个人奖等。

可控性。奖金激励根据工作任务的变化，或工作任务的需要能够适时调整奖励的对象、金额、人数等，及时对员工的工作情况做出反馈。

企业的奖金激励通常分为六种，如表 8-2 所示。

表 8-2 奖金激励模式

模 式	内 容
工作效率奖金	同样的工作内容，工作效率更高的员工相比工作效率一般的员工能够得到的奖金。例如，某生产企业员工普遍每天加工 80 件产品，加工费 2 元／件。该企业规定，如果员工在完成规定的任务量 80 件后，超出部分计 3 元／件
个人奖金激励	根据员工的具体工作表现来确定，这种激励方案更加鼓励员工的个人发展，促使员工提高工作效率和工作质量以获得更高的奖金回报
团队奖金激励	企业某部门或团队的整体目标完成之后，将得到团队奖金激励，奖金额度根据其贡献程度进行划分。团队奖金激励能够促进团队成员之间的相互协作，共同成长
利润分享计划	年末的时候经营者从企业的利润中抽取部分利润作为对员工的回报。奖金额度以当年企业的经营情况来确定，如果当年企业没有盈利也就没有相应的奖金回报。这种奖金分红计划需要到每年的年底才能拿到，所以员工需要长期持续努力地工作才可以在年底获得奖金。很多企业的年终奖就是这样的激励模式
股权激励计划	管理者通过一些方案，让部分核心员工持有部分企业股份，享受股东权益，以股东的身份参与到企业决策中，分享企业利润，当然也共同承担企业风险。股权激励计划是奖金激励的一种特殊模式，主要针对的是企业中的核心员工或骨干成员

案例实操 优秀员工奖金激励方案设计

一、目的

为全面了解公司员工的工作成绩，提高工作效率，有效激励优秀员工并树立公司模范，从而提高公司管理和精神文明建设水平，完成下达的各项任务指标，充分调动广大职工的积极性和创造性，特制定本方案。

二、评选名额

（1）优秀员工一等奖1人。

（2）优秀员工二等奖2人。

（3）优秀员工三等奖3人。

（4）进步、鼓励奖6名。

（5）最佳收银奖1人。

（6）微笑天使奖2人。

（7）最佳销售奖3人。

三、评选办法

以"公正、公开、公平、透明"为原则，采取班组推荐、个人推荐与主管推荐相结合的办法，符合条件的候选人名额不限。

（1）班组推荐的，半数以上签名确认生效。

（2）个人推荐的，必须对商场做出突出贡献，或得到他人联名推荐。

四、评选程序

（1）初选，由主管筛选，报予楼层经理，上交办公室复选。最终经公司评审组审查确认候选名单。

（2）对候选人名单进行张榜，公示3天。

五、设立评审领导小组

成立评审领导小组，及领导小组成员名单。

六、评选对象

所有在职员工（中高层不参加本次评选活动）。

七、参加评选条件

（1）遵纪守法，无旷工、迟到、早退现象。爱岗敬业无较大工作失误者。

（2）乐于助人，宽以待人，与同事和睦相处者。

（3）专业技能超常者，创造性地开展工作者。

（4）吃苦耐劳，对工作兢兢业业，没有丝毫怨言者。

（5）真诚服务于每一位顾客，热情积极销售者等。

八、奖励内容

（1）优秀员工一等奖奖金 1 000 元。由董事长颁发荣誉证书。

（2）优秀员工二等奖奖金 800 元。由总经理颁发荣誉证书。

（3）优秀员工三等奖奖金 500 元。由总经理颁发荣誉证书。

（4）鼓励进步奖：奖精美记事本一个。由人事部经理颁发荣誉证书。

（5）最佳收银奖奖金：300 元。由财务部长颁发荣誉证书。

（6）微笑天使奖奖金：200 元。由总经理颁发荣誉证书。

（7）最佳销售奖奖金：200 元。由总经理颁发荣誉证书。

从案例可以看到，该公司的奖金激励针对性很强。它根据公司岗位的特点，设置出了优秀员工奖、鼓励进步奖、最佳收银奖、微笑天使奖以及最佳销售奖多种奖项，对员工的工作起到鼓励和激励作用。

实际上，奖金的发放能否真正对员工起到激励作用，很大程度上在于员工对奖金的发放认可。如果奖金发放标准合理，且公开公平，就会使员工心情舒畅。反之，如果奖金发放不合理，奖励对象存在内定等黑幕情况，不但不会对员工起到激励作用，还会挫伤员工认真工作的积极性。

例如案例中的奖金发放方案。首先，公司制定了公开、透明的奖金激励方案，让每一位员工都有机会参与，并获得奖金；其次，公司的选拔方式，以自荐和推荐相结合，更公平；接着，评选的内容都是员工们的日常工作情况，难度较低，员工只要认真做好自己的分内工作就有机会；最后，奖励内容，通过奖金与荣誉的方式，给了员工物质和精神奖励，激励效果更佳。

可以看到，奖金激励的关键在于以下三点。

①奖金激励的发放要坚持公开、公平以及公正的原则，对所有员工一视同仁。

②对奖励对象的评价标准应该统一，且有具体的衡量指标，更具说服力。

③在奖金发放的标准上保持统一的认识，即对不同的奖项有不同的奖金额度或奖金计算方式，且得到了大家的一致认同。

8.2.3 运用物质激励应注意哪些问题

物质激励常常被企业管理者赞为效果最好、反应最快的一种激励方式，也往往是员工最为喜闻乐见的激励方式。但是，殊不知物质激励中还隐藏着许多不易发现的问题，如果管理者不加注意，合理改善，可能会给企业带来危机。

（1）企业激励只鼓励自己希望的结果或者行为

我们知道激励具备引导性，通常企业管理者想要员工往哪个方向发展，就会对该方向上的结果或行为进行鼓励。而物质激励会加大这种引导性，让员工专注于这一行为，而忽略其他，长此以往可能会给企业带来危害。

（2）企业的物质激励水平跟不上员工的物欲

企业做物质激励要考虑员工的贡献价值、激励成本和激励效果等，以便让有限的成本发挥出巨大的激励效果。这样一来，企业的物质激励水平必然增长缓慢，但是员工的物欲是呈现快速增长的趋势。

例如员工第一个月激励奖金为 500 元，他觉得好开心，连续 3 个月有 500 元激励奖金之后，就会慢慢觉得奖金过低，想要得到 800 元或是 1 000 元。时间一长，就会滋生怨怼，与激励的初衷完全背道而驰。

（3）物质激励与物质欲望之间存在差距

这一点与上一点有点类似，区别在于物质激励与物质欲望之间存在差距，是员工在企业激励之前对激励抱有过高的期待，尤其是当员工完成了某一困难任务之后，就会自然而然地抬高自己的期待。

但企业的物质激励考虑的因素有很多，很多情况下是满足不了员工的物质欲望的，它们的差距会在员工心中形成落差，差距越大，落差也就越大。这样的激励是不具有效果的，或者说是效果较小的。

（4）物质激励容易形成交易思维

物质激励的本质是为了激励员工，使员工工作更有动力。但在实际激励过程中，由于物质激励的导向性，使员工为了得到物质奖励而努力贡献，而非做出贡献之后才获得激励作为回报。前者是交易思维，功利性较强，短期来看能够对企业产生促进作用，但从长远来看不能帮助企业发展。

总的来说，物质激励可以在短期内快速激发出员工的主动性，还可以激发出员工的上进心，促使员工工作更积极。但是物质奖赏应该适度，如果过度就会产生一系列的弊端，例如要求增加物质激励水平，或者不激励就不积极工作等。

对此，管理者应该在物质激励中积极引入非物质激励元素，从精神激励的角度对员工进行鼓励。让员工产生与企业并肩共战、荣辱与共的使命感，与企业目标一致，共同奋进。

8.3 适合企业长期发展的股权激励

股权激励是比较常用的一种员工激励方式，它能够让员工形成主人翁意识，与企业形成利益共同体，促进企业长期发展。同时股权激励也是最为稳定、长久的一种激励方式。

8.3.1 股权激励，企业与员工互惠双赢

股权激励是一种长期激励，目的在于激励员工与经营者共同努力，使其能够稳定地在企业中长期工作并着眼于企业的长期效益，实现企业的长期发展目标。

随着激励的发展和演变，股权激励衍生出多种激励工具，在实施长期激励前，我们首先应该了解各类股权激励工具的适用情况及特点。

表 8-3 为股权激励的工具类型。

表 8-3　股权激励工具

工　具	内　容
股票期权	股票期权指公司给予激励对象在一定的期限内按照某个既定的价格购买一定公司股票的权利。公司给予激励对象的既不是现金报酬，也不是股票本身，而是一种权利，激励对象可以以某种优惠条件购买公司股票。鼓励激励对象持股，使其收益与公司市场价值紧密相连
虚拟股票	虚拟股票指公司给予激励对象的一种"虚拟"的股票，激励对象可以据此享受一定数量的分红权收益或股票升值收益，但没有所有权和表决权，不能转让和继承

续表

工 具	内 容
股票增值权	公司授予激励对象一定比例的虚拟股票，激励对象可以获得虚拟股票在规定时间内的价值增长差额，即激励对象不用实际购买股票，只需要通过行使这种权利便可获得相应的收益，收益来源于公司股票的增值部分
持股计划	持股计划指公司根据计划安排股权，使受激励对象能够持有一定数额的股票。受激励对象获得股票的途径并不固定，可以是员工自己出资购买，也可以是公司提供部分补贴，还可以是公司赠予。受激励对象持有的股份与实股类似，能够参与公司决策表决，还具备分红的权利，但同时也承担相应的风险
限制性股票	限制性股票指公司按照预先确定的条件授予激励对象一定数量的本公司股票，激励对象只有在工作年限或业绩目标符合股权激励计划规定条件的，才可出售限制性股票并从中获益。限制性股票特点在于，股票具有限制性条件，由公司无偿或低价给予受激励对象，虽然股票一次性给予，但兑现是分阶段的
业绩股票	业绩股票从名称上来理解，就是对那些在工作业绩上有着明确指标的员工，当他们达到实际规定的业绩目标后，可获得公司奖励的一定数量的公司股票，但获得后需满足一定时间方可处置。业绩股票对员工的激励效果明显，能够激励员工努力提升自身业绩
期股	公司和激励对象协商确定股票购买价格，在未来一段时期内由激励对象通过个人出资、贷款、奖励转化等获取一定数量的股份。在还清购买股费之前，激励对象不享有持股所得的权利。股票期股是我国借鉴国外激励模式过程中产生的一种独特的激励模式

管理者在股权激励工具的选择上首先应该考虑的是企业发展阶段，然后再根据各个阶段的需求和实际情况选择合适的激励工具。通常来说，企业的发展需要经历四个阶段，如图8-4所示。

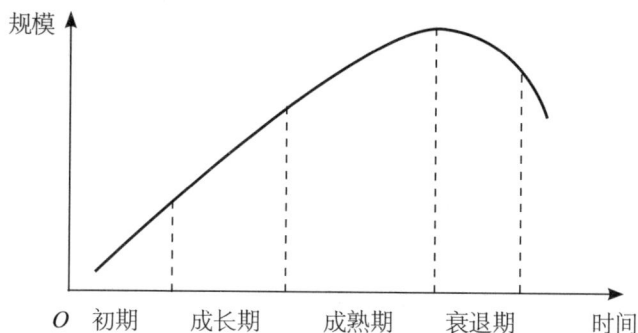

图 8-4　企业发展四阶段

◆ 初 期

处于初期的企业，往往才初步建立，人才是企业发展的关键，所以需
要做绑定型激励，将企业中的核心人员和关键人员与企业牢牢绑定。此时，
通常采取实股股权进行激励。

◆ 成 长 期

企业经过发展初期，走出了求生存阶段的困境，转入快速发展的成长
期。为了赢得市场的认可，企业需要不断添加新的员工加入，员工也需要
新的激励方式，此时的激励属于扩张型激励，可选择实股股权、期权或虚
拟股权等股权激励工具，可以结合实际需求选择使用。

◆ 成 熟 期

成熟期的企业已经能够比较稳健地发展了，此时企业会考虑进入资本
市场，上市前需要有一轮股权激励，主要考虑实股股权激励。

◆ 衰 退 期

经历了高成长之后的衰退期，股权已经没有吸引力了，此时应该以现
金激励为主。

此外，股权激励作为一种长期激励手段，能够对企业中的高管人员和
核心技术人员起到明显的激励作用，但同时还会增加企业的经营风险。所以，

企业在设计实施股权激励时要注意以下几个问题，以便规避实施风险。

◆ 建立科学的量化绩效管理机制

不管是以何种方式进行股权激励，其目的都是激励员工积极工作，帮助企业得到更好的发展，如果对于相关的股权享有者没有做绩效考核，而只是让其坐等分红，这样对企业的成长是没有帮助的。所以股权激励的方案实施必须与企业的业绩发展紧密结合来设计和兑现。

因此，企业需要推行股权激励的前提是建立一个科学的量化绩效管理机制，据此选择出真正的激励对象，才能得到良好的激励效果。

（1）股权激励制度注意稳定性和灵活性

企业设计的股权激励要同时具备稳定性和灵活性。稳定性要求，股权激励制度必须是能够长期且有效执行的，如果不能做到，很可能使员工对企业失去信心，从而失去激励效果。

灵活性则要求，股权激励制度能够跟随企业的发展做出动态的调整和变化，以便适应不同的对象、环境和时间。

（2）必须设置退出条款

股权激励的目的在于防止企业人才流失，但企业在股权激励设计之初就要考虑员工离职的情况，并对这些可能出现的情况做出预防和准备。例如，员工离职则股份由企业收回等。

（3）股权激励方案设计应确保公正性

股权激励方案的制定必须确保制度本身的公正性，这样才能够对员工起到激励作用。通过合理设定股权激励的业绩条件、约束条件、考核条件以及管理条件，确定目标激励对象。

8.3.2　确定股权激励的对象和范围

股权激励为企业中一种最为重要的利益分配机制，其激励对象是一个非常敏感的话题，激励门槛也非常高。因此，并非企业中的所有员工都能享受到股权这一激励福利。

首先股权激励根据公司上市与否分为两种情况。对上市公司而言，其股权激励对象范围，在《上市公司股权激励管理办法》中给出了明确的规定。

《上市公司股权激励管理办法》第八条，激励对象可以包括上市公司的董事、高级管理人员、核心技术人员或者核心业务人员，以及公司认为对公司经营业绩和未来发展有直接影响的其他员工，但不应当包括独立董事和监事。外籍员工任职上市公司董事、高级管理人员、核心技术人员或者核心业务人员的，可以成为激励对象。

单独或合计持有上市公司5%以上股份的股东或实际控制人及其配偶、父母、子女，不得成为激励对象。下列人员也不得成为激励对象：

①最近12个月内被证券交易所认定为不适当人选。

②最近12个月内被中国证监会及其派出机构认定为不适当人选。

③最近12个月内因重大违法违规行为被中国证监会及其派出机构行政处罚或者采取市场禁入措施。

④具有《中华人民共和国公司法》规定的不得担任公司董事、高级管理人员情形的。

⑤法律法规规定不得参与上市公司股权激励的。

⑥中国证监会认定的其他情形。

对于非上市公司而言，其股权激励的对象范围并没有一个明确的参考范围，公司在这方面有比较灵活的操作空间。但我们需要从三个方面来进行考虑。

公司当前的组织结构。公司当前的组织结构是确定激励对象的首要因素，根据二八原则，公司 20% 的领导层，给公司创造了 80% 的利润，所以应该将核心领导作为股权激励的对象范围。

公司未来的发展战略。确定股权激励的对象范围还要充分考虑公司未来的发展战略，激励能为公司未来发展做出重要贡献，或具有重要作用的人。

对公司的贡献价值。股权激励的核心在于"激励"，对当前员工的工作表示肯定，鼓励其今后做出更好的成绩。所以，在确定股权激励对象时应该考虑员工对公司的贡献价值。

根据这三个方面的分析可以将股权激励的对象锁定在三个层面，如图 8-5 所示。

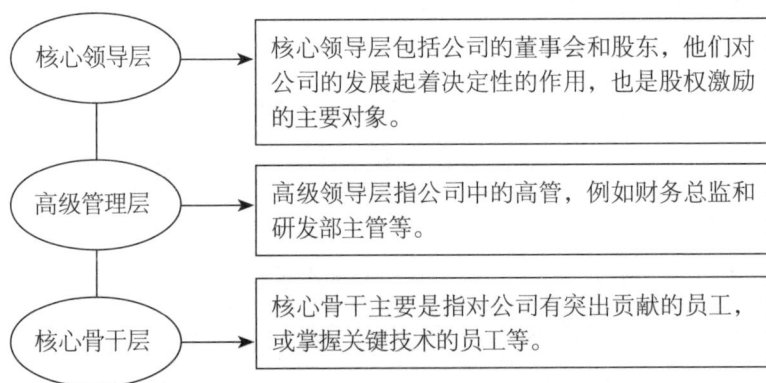

图 8-5　股权激励对象三层面

8.3.3　确定股权激励实施的时间与周期

通过前面的介绍我们知道一个企业通常要经过初期、成长期、成熟期和衰退期四个阶段。在不同的阶段，有不同的股权激励方式，也没有规定要求必须在哪个阶段实施股权激励，是不是就意味股权激励不需考虑时间，随时都可以进行。

答案当然是否定的，股权激励需要考虑激励的目的、激励的成本、企业的发展状况以及员工的需求等因素。具体来看，以下几个时机比较适合做股权激励：

◆ 企业有融资需求时做股权激励

股权激励实际上也是一种融资方式，不仅可以帮助企业解决融资需求问题，还能对员工起到激励作用。

例如华为企业，1990～2000年，华为企业处于创业初期，企业面对生产和研发的需要缺乏大量资金，而员工缺乏投资渠道。此时，华为采取股票激励计划以1元的股票发行价格，按照税后利润的15%作为红利向内部发行股票。通过员工持股计划用实体股权激励获得内部融资，解决资金困难，也留住员工和激发动力。

◆ 企业并购重组时做股权激励

企业出现并购重组时，企业内通常会出现比较重大的人事调整以及组织机构变更。这一系列的变化很容易引发员工的不安情绪。此时企业做股权激励可以消除新进股东和创业元老之间因企业并购重组而出现的矛盾。

◆ 吸引和挽留核心人才时

无论什么时候，人才都是企业的重要资源，所以一旦企业需要吸引或挽留核心人才时，可以通过股权激励的方式，将激励对象与企业利益紧密相连，从而促进企业的发展。

◆ 当企业有新的发展战略计划时

当企业出现新的发展战略计划时，往往意味着员工需要离开舒适圈，迎接挑战，为了提高员工的积极性，也为了给员工加油打气，可以实施股权激励计划。

另外，在股权激励中还要重点理解股权激励的周期，一个完整的股权激励计划为一个周期，其中包括了有效期、授权日、等待期、行权日、行权期和失效日等几个时间节点，如图8-6所示。

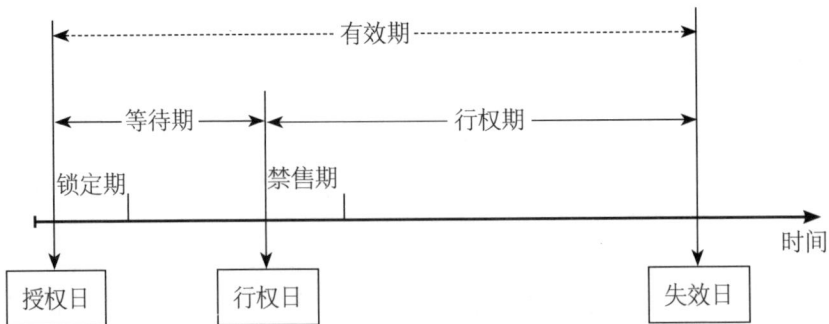

图8-6 股权激励时间节点

有效期。一般激励计划的有效期为3～5年，自股东大会审议通过本计划之日起算，本计划的存续期满 n 年后自行终止。

授权日。指激励对象实际获得授权（股票期权、限制性股票、虚拟股票）的日期，是股权激励计划的实施方履行激励计划的起始点。在决定股权激励计划的等待期、行权期、失效期时，一般是以授权日为起算点，而不是以生效日为起算点。

等待期。等待期为授权日到首次可以行权日之间的间隔，指激励对象获得股权激励股票之后，需要等待一段时间，达到一系列事前约定的约束条件，才可以实际获得对激励股份或者激励股票的完全处分权。

行权期。指股权激励计划的等待期满次日起至有效期满当日止可以行权的期间，非上市公司行权期的确定不受法律的限制，公司可以结合实际情况确定行权期。上市公司的可行权日必须为交易日。

锁定期。即在授予后进行锁定，达到时间或业绩指标即可解锁部分股权。

禁售期。指激励对象在行权后，必须在一定时期内持有该激励股票，不得转让、出售。限售期主要是为了防止激励对象以损害公司利益为代价，抛售激励股票的短期套利行为。

其中，尤其需要注意的是等待期，企业为了考核员工是否值得激励，所以通常都会在等待期为员工设置一些事前约定的条件，只有员工达到条件才能获得股权激励。通常有以下三种设计方式。

①一次性等待期限，激励对象在一次性等待期满后，可以行使全部权利，为一次性等待期限。这种等待期的激励效果比较显著，适合特别希望在既定时间内改善业绩的公司。

②分次等待期限，授予激励对象分批行权、分次获得激励股票的完全行使权。分次等待期限设置能长期绑定激励对象且能有效避免激励对象的短期获利行为，所以这种方式在实践中应用较多。

③业绩等待期，指激励对象只有在有效期内完成了特定的业绩目标，才可以行权。需要依据特定的业绩目标如特定的收入、利润指标是否实现来确定等待期是否期满。在此种情况下等待期的长短是不确定的。

对上市公司而言，《上市公司股权激励管理办法》对股权激励的等待期做出了明确规定。

《上市公司股权激励管理办法》第三十一条规定，在股票期权有效期内，上市公司应当规定激励对象分期行权，每期时限不得少于12个月，后一行权期的起算日不得早于前一行权期的届满日。每期可行权的股票期权比例不得超过激励对象获授股票期权总额的50%。当期行权条件未成就的，股票期权不得行权或递延至下期行权。

8.3.4　如何确定授予股权价格

股权激励中比较常采取的是让员工购买股权的方式来完成激励，其中就涉及股权价格问题。如果价格定得过高，会打消员工参与的积极性，达不到激励员工的目的；但价格定得过低，公司就要承担高额的激励成本，增加风险。

这就要求经营者需要对公司股权做合理的标价，标价为公司每股股权的价格，公式如下：

$$标价 = 公司估值 \div 总股本$$

与上市公司不同，非上市公司没有市场价，难以准确地评估出公司的股权价值，所以通常采用的是协商的方式完成，通过对公司股权做一个合理的估值，得到员工和经营者的共同认可即可。

这里介绍三种比较实用的公司股权估值法。

（1）市场估值法

市场估值法是利用市场中相似的资产、负债或资产和负债组合的价格，以及其他相关市场交易信息进行估值，例如市场售价类比法和市场盈率法。

市场售价类比法是以参照物的成交价格为基础，考虑参照物与评估对象在功能、市场条件和销售时间等方面的差异，通过对比分析和量化差异，调整估算出评估对象价值的各种方法。

市场盈率法指以行业平均市盈率来估算公司价值，反映了公司按有关折现率计算的盈利能力的现值。以这种方法，公司的价值主要源于可比较资产或公司的定价，所以公司一般选择同行业公司的绩效作为参考标准。

（2）收益估值法

收益估值法指通过预测未来预期收益，将其通过适当的折现率转换成现值并进行汇总，以此来确定企业的市场价值。简单来说，它是利用增量现金流量原则和时间价值原则进行的，即任何资产的价值是其产生的未来现金流量按照含有风险的折现率计算的现值。

折现率是将未来预期收益折算成现值的比率，是与企业未来收益风险程度相对应的期望报酬率，折现率的选取需与相应收益的口径相匹配。

收益估值法主要包括现金流量法和内部收益率法等。

现金流量折现法是通过预估公司将来的现金流量并按照一定的贴现率计算公司的现值，从而确定股票价格。现金流量折现法的关键在于：第一，预期公司未来存续期各年度的现金流量；第二，要找到一个合理的公允的折现率，折现率的大小取决于取得的未来现金流量的风险，风险越大，要求的折现率就越高。

（3）资产估值法

资产估值法指对目标企业的所有资产、负债进行逐项估值的方法，比较常见的是重置成本法和账面价值法。

重置成本法也被称为成本法，指的是在企业资产评估时按被评估资产的现时重置成本扣除其各项损耗来确定被评估资产价值的方法，计算公式如下：

评估价值 = 重置成本 - 实体性贬值 - 功能性贬值 - 经济性贬值

账面价值法是以财产的账面价值为标准来对清算财产作价的一种方法，是历史价值减去折旧以后的价值。账面价值法的准确程度取决于资产的账面价值与市场实际价值的差异程度。在实际应用中，要对账面价值做一些适当的调整更实用。

当然，除了上述介绍的一些估值方法之外，还有很多其他的评估方法，具体评估方法的选择还是要以公司的实际情况来进行确定。